AF248386

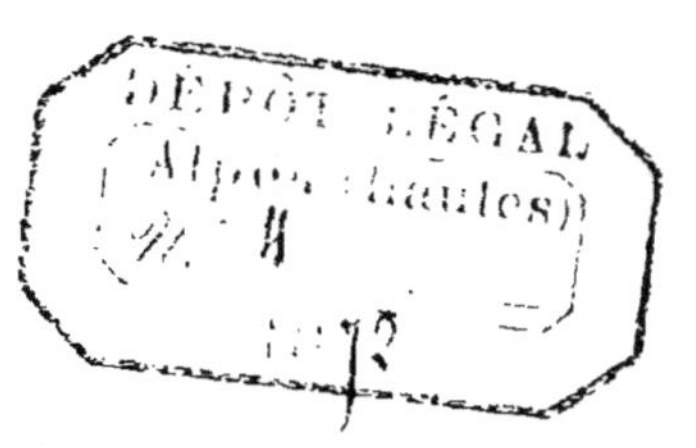

LE BATAILLON

DES

MOBILES DES HAUTES-ALPES.

Monsieur de Vitrolles, commandant du bataillon de la garde mobile des Hautes-Alpes, vient d'adresser à M. le Ministre de la guerre un rapport sur les opérations militaires auxquelles a pris part ce bataillon. Certainement je ne serai démenti par personne en affirmant que M. de Vitrolles est le dernier auquel on eût dû confier la mission de faire un pareil travail. En effet, par un hasard fatal cet officier supérieur a toujours été éloigné des endroits où il y avait des coups à donner ou à recevoir : il n'a point pris part aux affaires de Cussey, d'Oiselay, de Blussans, du Fournet, et c'est le seul d'entre nous qui n'ait jamais entendu siffler à ses oreilles une balle ennemie. Dans le cours de son rapport, M. de Vitrolles insulte, de la façon la plus grave, plusieurs officiers de son bataillon, et s'attribue en toutes circonstances le rôle le plus brillant et le plus avantageux. Non content d'adresser ce factum à M. le Ministre de la guerre, il l'a fait lithographier et l'a rendu public.

Un rapport signé : De Vitrolles, ne sera jamais pris au

sérieux dans le département des Hautes-Alpes et ne pourra
en aucune façon porter atteinte à la réputation ni à l'honneur de qui que ce soit; il importe néanmoins que la vérité
se fasse jour et que les récits fabuleux et les rapports fan-
tastiques cèdent la place à l'histoire vraie et sincère. C'est
le but qu'on s'est proposé d'atteindre en écrivant les quelques pages qui suivent. M. de Vitrolles fera bien d'apprendre
et de méditer la maxime suivante : Attaquer celui qui vous
laisse en paix, c'est toujours une mauvaise action et quel-
quefois une maladresse.

LE BATAILLON

DES MOBILES

DES

HAUTES-ALPES

20 août 1870. | 26 mars 1871.

PAR

J. ROMAN, Avocat,

ANCIEN OFFICIER A CE BATAILLON.

––––––––––

GAP,

TYPOGRAPHIE JOUGLARD, EN FACE DE LA PRÉFECTURE.

—

1871.

LE BATAILLON DES MOBILES

DES HAUTES-ALPES.

Gap et Embrun.

En créant la garde mobile, l'empire, dans son imprévoyance, pensait n'avoir jamais l'occasion de s'en servir ; abandonnant donc toute idée d'en faire une armée sérieuse, il se contenta d'en faire une machine électorale pour resaisir la popularité qui lui échappait malgré les sept millions de *oui* du plébiscite. Faire de la garde mobile un moyen d'influence pour ses députés, ses conseillers généraux officiels, leurs parents, leurs amis, tel fut le but qu'il se proposa ; aussi voyons-nous ce système suivi constamment dans l'organisation des cadres de la garde mobile faite au mois de juillet 1870, c'est ce qui valut au bataillon des Hautes-Alpes M. Duvernois pour commandant, et quelques autres nominations du même genre.

Au commencement d'août, M. Duvernois, ayant été appelé au ministère de l'agriculture et du commerce, donna sa démission de chef de bataillon et délégua pour tenir sa place M. Bauny, employé subalterne au *Peuple Français*, journal de M. Duvernois. Cette nomination ne fut pas accueillie favorablement : M. Bauny était inconnu et étranger au département, il ne pouvait avoir notre confiance.

Les cadres furent organisés le 10 août ; après quelques

modifications, ils furent définitivement constitués de la manière suivante :

Chef de bataillon : Bauny, journaliste.

Capitaine-major : Dousselin, capitaine de zouaves.

Capitaine trésorier : Ferrand, capitaine en retraite.

Capitaine d'habillement : Meyer, capitaine en retraite.

Aide-major : le docteur Provansal.

1re COMP. *Cap.* Roux, ancien sous-officier.

Lieut. Sauvan, ancien cent-garde.

Sous-Lieut. Trochon.

2e COMP. *Cap.* Laurençon, avocat, conseiller général.

Lieut. Chancel, industriel.

Sous-Lieut. Odiardi, ancien sous-officier.

3e COMP. *Cap.* Jauffret, musicien de 1re classe.

Lieut. Garnier, propriétaire.

Sous-Lieut. Marin, agent-voyer.

4e COMP. *Cap.* Guillemot, ancien lieutenant.

Lieut. Manuel, 1er commis de l'enregistrement.

Sous-Lieut. Ferrary, avocat,

5e COMP. *Cap.* De Vitrolles, ancien brigadier de hussards.

Lieut. Roman, avocat.

Sous-Lieut. L. Aubert, élève à l'école centrale.

6e COMP. *Cap.* Méalhie, ancien capitaine, chevalier de la légion d'honneur.

Lieut. C. Aubert, élève à l'école centrale.

Sous-Lieut. Gautier.

7e COMP. *Cap.* Clément, ancien commissaire de police.

Lieut. Jean, avocat.

Sous-Lieut. Aubin.

8e COMP. *Cap.* Blanc, ancien sous-officier.

Lieut. Lesbros, ancien sous-officier.

Sous-Lieut. Jourdan, ancien sous-officier.

A partir du 20 août, les compagnies se formèrent à Gap, chef-lieu du département; les jours suivants, les 4e, 5e et 6e compagnies furent envoyées à Embrun pour y commencer leur instruction ; les autres restèrent à Gap. L'armement et l'équipement s'effectuèrent avec beaucoup de lenteur ; par contre, l'instruction marcha très vite et donna dès le début, grâce à l'intelligence et à la soumission de nos hommes, les meilleurs résultats.

Le 4 septembre, la République etait proclamée.

Un décret du gouvernement de la Défense nationale prescrivait de faire procéder à l'élection des officiers de la garde mobile. L'exécution de ce décret, dont nous sommes loin pourtant d'approuver le principe, aurait eu pour le bataillon des Hautes-Alpes un résultat excellent. M. Bauny, créature de M. Duvernois et qui n'avait pas su obtenir notre confiance, n'aurait certainement point été élu. Mais M. Bauny voulait à tout prix conserver sa place ; les élections devaient avoir lieu à la fin de septembre ; il agit de telle sorte que le 23 du même mois le bataillon reçut l'ordre de partir pour Vesoul. Rien ne fut plus fatal à l'avenir de notre bataillon que ce départ précipité : nous n'avions reçu ni capotes, ni varcuses, ni guêtres, ni caleçons, ni couvertures, ni chemises, ni hâvresacs, ni bretelles de fusil, etc.; notre armement était détestable et consistait en fusils à silex, transformés à percussion. Si nous étions restés quelques jours encore dans notre département, nous aurions certainement été armés, grâce aux démarches actives de M. Chaix, préfet des Hautes-Alpes, de fusils chassepots, et nous aurions reçu, grâce aux soins de M. Dousselin, capitaine-major, un équipement complet et d'excellente qualité ; mais M. Bauny redoutait l'élection, il fallut partir, et notre armement et équipement furent complétés seulement à la fin de décembre.

Vesoul, Saint-Loup, Plombières.

Nous nous mîmes en route et fîmes rapidement les étapes qui nous séparaient de Grenoble ; cette ville avait dans ses arsenaux plusieurs milliers de chassepots ; cependant, malgré quelques démarches faites par nous auprès de M. Bauny, on refusa de nous en distribuer et le bataillon, arrivé à Greno-

vers midi, en repartit après un séjour de trois heures seulement, et arriva à Vesoul le lendemain matin 2 octobre (1).

Notre premier soin à notre arrivée à Vesoul, fut de nous occuper de nouveau de notre armement; d'accord avec les officiers des deux bataillons de la Savoie, nous songeâmes à envoyer au Ministre une demande collective, signée de nous tous. M. Bauny, auquel ce projet avait été soumis, après avoir reçu un commencement d'exécution, nous déclara qu'une démarche semblable constituait à ses yeux un acte de rebellion et que les auteurs en seraient saisis et déférés à la Cour martiale. La Cour martiale! c'était alors l'*ultima ratio*, et cette menace revenait sans cesse à la bouche de nos chefs, à-propos des actes les plus innocents.

Pendant notre séjour à Vesoul, nous dûmes passer une grande revue sous les yeux de M. le général de Mallet, commandant le département de la Haute-Saône. L'exactitude est la politesse des rois, ce n'est sans doute point celle des généraux. M. de Mallet s'était annoncé pour une heure, il arriva à cinq heures seulement. Parmi les excellents conseils qu'il donna aux officiers, à la suite de cette revue, nous remarquâmes surtout ceux de n'avoir aucune relation familière avec leurs soldats, et de ne pas chanter, si ce n'est le *De profundis*, « en l'honneur des braves qui ne sont plus. » Cela était toujours assaisonné de menaces de la cour martiale pour les contrevenants. (5 octobre.)

Le 9, nous reçûmes l'ordre de transporter nos cantonnements à Saint-Loup et les villages voisins (Magnoncourt, Corbenay, Boulignier); la population de cette petite ville nous fit l'accueil le plus sympathique; on se disputait nos hommes et on tenait à honneur de les héberger et de les soigner comme des enfants de la maison. Ce fut la dernière fois que nous trouvâmes les populations si bien disposées à notre

---

(1) La 8ᵉ compagnie était restée à Gap pour former le dépôt ; M. Lesbros, lieutenant de cette compagnie, permuta avec M. Jean, lieutenant de la 7ᵉ, qui désirait ne pas quitter les Hautes-Alpes.

égard. Depuis, la peur des représailles prussiennes les a souvent rendues dures et inhumaines.

Après trois jours passés dans cette Capoue franc-comtoise, nous reçumes l'ordre de nous diriger sur Plombières.

Strasbourg venait de capituler; Werder, général en chef des contingents Badois, menaçait les Vosges et le département de la Haute-Saône. Le général Cambriels, chargé de les protéger, avec une armée de quarante mille hommes environ, avait son quartier général à Epinal. Une bonne tactique lui prescrivait de s'établir solidement dans les défilés des Vosges, si faciles à défendre, et où l'artillerie et la cavalerie ennemies ne pouvaient l'inquiéter; là, appuyé d'un côté sur Belfort, de l'autre sur Langres, ayant toujours une retraite assurée sur Besançon, pouvant se rivitailler facilement au moyen de plusieurs lignes ferrées, il eût pu tenir des mois entiers et épargner à quatre départements les horreurs de l'invasion. Il n'en fit rien, et après avoir livré en avant d'Epinal les deux petits combats de Bruyère et de la Burgonce, il battit rapidement en retraite sur Besançon. L'ennemi dut être surpris de la facilité avec laquelle on lui livrait les gorges des Vosges. Le général Cambriels avait reçu au début de la campagne une blessure à la tête, qui avait, dit-on, altéré ses facultés intellectuelles; ce fait explique, s'il est vrai, cette retraite sans cela inexplicable.

Nous étions arrivés à Plombières le 13, vers deux heures; à 8 heures du soir, M. Bauny réunit les officiers dans l'une des salles souterraines des bains, et là, à la lueur d'une lanterne sourde, leur déclara que tout était perdu; tout le monde fuyait, l'ennemi allait arriver d'un moment à l'autre, et nous devions nous tenir prêts à partir au premier signal (1).

Cette triste communication était à peine terminée, lorsque le receveur de Remiremont vint nous avertir que dans

---

(1) M. Bauny ajouta cette phrase caractéristique : « Si cinq ulhaus arrivaient, ils nous feraient tous prisonniers. » Nous étions à Plombières environ 3,000 hommes, tous armés et avec des cartouches.

cette ville, située à 13 kilomètres de Plombières et que l'ennemi ne menaçait pas encore, étaient déposés quatre mille chassepots, de nombreuses caisses de munitions, de vivres et de vêtements qu'il importait de sauver. Ce ne fut qu'un cri unanime : « Allons chercher les chassepots ! Allons sauver ces munitions et ces équipements, dont nous avons si grand besoin et qui vont être enlevés par l'ennemi ! » Les officiers s'offrent presque tous à marcher en volontaires avec leur compagnie, M. Bauny refuse ; on insiste, il menace de faire fusiller sur l'heure les faiseurs d'observations et veut faire arrêter le receveur de Remiremont qui nous avait donné ces renseignements ; ce bon citoyen manqua payer cher cet acte de patriotisme et dut, pour se sauver, faire appel aux amis qu'il avait à Plombières. Quinze cents chassepots environ furent sauvés par des francs-tireurs passant par Remiremont ; les 2,500 autres et tous les approvisionements réunis dans cette ville furent pillés d'abord pendant deux jours entiers par la population, et ce qui restait, enlevé par les Allemands à leur arrivée.

Nous partîmes de Plombières à trois heures du matin, par une pluie battante, pleins de colère et de découragement, et arrivâmes le soir même à 11 heures à Besançon, après une pénible journée.

Besançon.

Nous y fûmes casernés au quartier Saint-Paul. Les jours suivants, l'armée de Cambriels arriva toute entière à Besançon, réduite de moitié par les désertions et les maladies et dans un état inouï de trouble et de désorganisation. Presque aussitôt, arrivèrent Gambetta et Garibaldi ; le premier, pour réorganiser les troupes ; le second, pour prendre le commandement d'une partie d'entre elles. Pendant notre séjour à Besançon, nous fîmes de nouveaux et inutiles efforts pour nous faire délivrer des armes de précision et obtenir enfin une solution à cette question vitale. M. Bauny, dans un but trop facile à comprendre (1), non-seulement refusait de nous seconder, mais menaçait constamment de la cour matiale ceux d'entre nous qui parlaient de faire quelque démarche. M. le général de Prémonville, commandant la division de Besançon, recevait nos délégués de façon à leur enlever le désir de recommencer et les menaçait également de les faire fusiller. Nous ne trouvâmes de sympathie que chez M. Albert Grévy, commissaire civil de la défense nationale ; malheureusement pour nous, ce bon citoyen, abreuvé de dégoûts par les chefs militaires de Besançon, donna sa démission le lendemain même du jour où il nous avait promis de nous faire armer.

Tout à coup, une bonne nouvelle nous arriva par une voie indirecte ; sur les instances de M. Chaix, préfet des Hautes-Alpes, M. le Ministre de la guerre venait de révoquer M. le commandant Bauny et de le remplacer par le brave capitaine Méalhie. Ne sachant à qui nous adresser pour savoir ce qu'il y avait de vrai dans cette nouvelle, nous envoyâmes des délégués à M. Ordinaire, préfet du Doubs ; cet honorable magistrat nous confirma l'existence de l'ordre ministériel et, sur notre demande, fit auprès du général de Prémonville quelques démarches pour en assurer l'exécution ; le général répondit que l'ennemi étant à moins de 50 kilomètres de Besançon, il était seul juge de l'opportunité de l'exécution de cet ordre et qu'il croyait devoir y surseoir. C'était un prétexte, voici la vérité : M. Bauny voulait bien quitter le commandement, mais avec une compensation ; il demandait une place d'intendant militaire et croyait utile de garder sa position actuelle jusqu'à ce qu'on lui eût accordé ce qu'il sollicitait.

---

(1) Un capitaine, qui depuis peu de jours était au mieux avec M. Bauny, répondait à ses soldats qui demandaient des chassepots : « Imbéciles ! « si on nous donne des chassepots nous serons forcés de nous battre, « tandis qu'avec des armes comme celles que vous avez on n'osera pas « nous mener au feu. »

Cependant l'ennemi s'approchait à marches forcées de Besançon, les routes étaient encombrées de fuyards qui venaient se renfermer dans ses murailles avec ce qu'ils avaient de plus précieux ; les brigades de gendarmerie, les gardes forestiers de la Haute-Saône rentraient peu à peu après avoir eu à soutenir des engagements avec les éclaireurs ennemis.

Cussey.

Le 19 octobre, on envoya le bataillon des Hautes-Alpes à Auxon-Dessus, à sept kilomètres de Besançon, pour surveiller l'approche de l'armée allemande.

Les fortifications de Besançon, formidables autrefois lorsque l'artillerie n'avait pas atteint sa portée actuelle, n'offrent plus aujourd'hui la même importance : la ville est entourée, à une distance de sept ou huit kilomètres, d'une ceinture de collines élevées et ne pouvant être balayées par l'artillerie des forts. Si on laisse l'ennemi y établir ses batteries, Besançon peut être bombardé, incendié et contraint de capituler presque sans combat au bout de quelques jours.

Il importe donc avant tout de conserver ces positions. Les plus importantes sont Tallenay, Châtillon-le-Duc, les Rencenières, les hauteurs d'Auxon, de Miseray, etc. Au pied de ces collines s'étend une plaine traversée par la petite rivière de l'Oignon, derrière laquelle le sol s'exhausse de nouveau et forme des collines boisées qui séparent la vallée de l'Oignon de celle de la Saône. Le village d'Oiselay, avec son vieux château, est situé au point culminant de ces hauteurs, sur la route de Langres à Besançon. L'Oignon coule presque au pied des collines jusqu'à la hauteur de Châtillon-le-Duc, à partir de là il incline à droite, fait un vaste circuit et laisse entre lui et les hauteurs d'Auxon une plaine d'environ quatre kilomètres de largeur.

Plusieurs ponts donnent accès d'une rive sur l'autre, ce sont celui de Voray en face de Châtillon, celui de Bussières près du village de Geneuille, celui de Cussey en face d'Auxon, auquel il est relié par une route droite de quatre kilomètres, et celui de Pin, à trois kilomètres plus bas. Le pays est coupé de nombreux bois taillis et sillonné par un grand nombre de belles routes.

L'ennemi, venant de Vesoul, poursuivrait-il en suivant la Saône sa marche vers Dijon, en laissant Besançon à sa gauche, ou essayerait-il, par une pointe hardie, de s'emparer de cette place forte, qui n'était point encore en état de défense, et de disperser les restes de l'armée de Cambriels ? C'était pour le savoir que l'on nous avait envoyé en première ligne, avec ordre de faire des reconnaissances nombreuses sur la rive droite de l'Oignon. Les 4e et 6e compagnies firent, le 20, des reconnaissances sur Pin et Voray; l'ennemi n'était signalé nulle part.

Cependant, le maire d'Oisclay nous avertit, le 21, que l'ennemi arrivait en forces sur sa commune : nous fimes aussitôt prévenir le général Cambriels, qui ajouta peu de foi à ce récit et ne prit aucune précaution nouvelle. Pour lui, les troupes allemandes signalées à Oiselay étaient seulement des flanqueurs de l'armée principale, chargés de reconnaître et de surveiller Besançon. L'objectif de l'ennemi était toujours Dijon.

Le 21 au soir, l'ennemi envoya des patrouilles presque sur les rives de l'Oignon : trois fantassins badois furent fait prisonniers. Ils furent expédiés au général, dont l'opinion ne fut pas modifiée par ce fait.

Le général Cambriels se trompait, l'ennemi voulait s'emparer de Besançon par surprise. Le corps qui se trouvait en face de nous comptait environ vingt-cinq mille hommes, plusieurs batteries d'artillerie, des mitrailleuses et une nombreuse cavalerie. Le général de Werder le commandait en personne et avait sous ses ordres le prince Guillaume de Bade, les généraux Keller et Dagenfeld : il paraissait assuré du succès de son entreprise : « Avez-vous des commissions « pour Besançon, disait-il, à Oisclay, à M. le docteur de « Maiche, en lui montrant un de ses officiers; voilà monsieur, « qui demain va sommer la place de se rendre et après « demain nous y serons. »

L'ennemi profita de la nuit du 21 au 22 pour s'établir fortement sur la rive droite de l'Oignon; il occupa Boulot et Etuz, deux villages situés, le premier à trois, le second à un kilomètre de Cussey, en crénela les murs et y plaça des batteries; il croyait Cussey occupé, sans quoi il y fût entré sans brûler une cartouche. La 5ᵉ compagnie du bataillon des Hautes-Alpes fit, pendant une partie de la nuit du 21 au 22, des patrouilles dans la plaine et s'assura que l'ennemi n'avait pas traversé l'Oignon.

Vers 9 heures du matin, le colonel Perrin, envoyé par le général Cambriels pour juger la situation, pensa devoir, par pure précaution, faire occuper le village de Cussey; il y envoya le 3ᵉ bataillon de la mobile des Vosges, commandé par M. Brachet : à 10 heures, l'ennemi envoyait ses tirailleurs en avant, pour s'emparer du pont de Cussey et ses premiers obus éclataient dans le village. Le commandant Brachet faisait déployer une partie de ses hommes en tirailleurs, il en logeait d'autres dans un château placé à la droite du village et par un feu bien dirigé, contenait, sans pertes sérieuses, le mouvement offensif de l'ennemi. Mais il ne disposait pas de forces suffisantes pour résister longtemps aux colonnes qui lui étaient opposées. M. Roman, lieutenant au bataillon des Hautes-Alpes, qui était accouru à Cussey, au premier coup de canon, pour se rendre compte de la situation, fut prié par lui de lui faire amener en toute hâte des renforts.

Alors les généraux français comprirent la faute qu'ils avaient commise : l'attaque était sérieuse, il fallait faire venir en toute hâte des troupes de Besançon pour la repousser ; mais pour cela, un répit de deux heures au moins était nécessaire; comment l'obtenir? en sacrifiant quelques troupes, destinées à arrêter à tout prix un ennemi dix fois supérieur en nombre. Le bataillon des Hautes-Alpes était le plus proche, on lui donna l'ordre de marcher. (1).

---

(1) L'ordre, signé du colonel Perrin, qui nous fut donné, nous enjoignait d'occuper Boulot, situé à 3 kilomètres au delà de l'Oignon et occupé depuis la veille par les Allemands, qui y avaient établi des batteries canonnant Cussey. Cet ordre était évidemment le résultat d'une erreur ou un acte de folie. Cependant nous marchâmes sans le discuter.

M. le commandant Bauny prit le commandement du demi-bataillon de droite et donna celui du demi-bataillon de gauche à M. Méalhic, capitaine. Trois routes pouvaient conduire d'Auxon à Cussey : une route en ligne droite, une à gauche, passant au village d'Auxon-Dessous et traversant ensuite des bois, une troisieme à droite, passant par le village de Geneuille et presque constamment à découvert. Nous ne savons pourquoi, le bataillon prit cette dernière : la fusillade et la canonnade de l'ennemi sur Cussey avait été jusque-là très-molle, mais quand il nous aperçut nous dirigeant vers ce village, il prit aussitôt ses précautions pour nous recevoir : on put apercevoir distinctement l'état-major allemand, sur une colline à peu de distance d'Etuz, donnant des ordres et envoyant des cavaliers dans toutes les directions.

A Geneuille, le bataillon rencontra M. Domalain, commandant des francs-tireurs bretons ; il nous assura que la partie était gagnée, l'ennemi ne comptant que 1,200 hommes.

Arrivé à Cussey, on s'arrêta un instant, pour se former derrière les maisons ; puis le bataillon tout entier, avec un entrain remarquable, se lança en avant, descendit l'unique rue du village et déboucha sur le pont qu'il fallait traverser, M. le commandant Brachet était là le sabre à la main : « En avant, mes amis, nous criait-il, vive la France ! ils sont à nous. »

Nous avions à peine atteint le milieu du pont, que la fusillade ennemie prit une intensité inouïe ; les obus pleuvaient sur les toits du village et faisaient éclater les tuiles avec un bruit sec ; enfin deux mitrailleuses, placées à Etuz, à moins d'un kilomètre de Cussey, enfilaient le pont en droite ligne et les projectiles passaient au dessus de notre tête, avec un sifflement aigu. Aussitôt un mouvement de recul se produisit parmi nos jeunes soldats, mais, enlevés de nouveau par les officiers, ils se jetèrent résolument sur le pont, le traversèrent et atteignirent même un second pont, jeté à cent mètres de là, sur une deuxième branche de l'Oignon.

Cependant, plusieurs hommes tombèrent pour ne plus se relever, d'autres, blessés grièvement, rentraient dans le village, portés par leurs camarades. Chacun de nous, pour se mettre à l'abri des projectiles ennemis, chercha un refuge derrière tous les obstacles qu'offrait le terrain : on se plaçait derrière les arbres, les tas de pierres, les murailles, on s'allongeait dans les talus, qui bordaient la route, et enfin on commença dans la direction de l'ennemi une innocente fusillade, qui dut lui occasionner peu de pertes.

Cependant, le feu de l'ennemi croissait toujours en violence : ses obus avaient incendié le château de Cussey, dont les toitures s'abîmaient dans les flammes ; les branches de peuplier, coupées par leurs projectiles, tombaient à tout moment sur la route et parfois blessaient l'un de nous dans leur chûte.

Nous ne recevions aucun ordre et nos mauvaises armes ne nous permettaient pas de rendre les coups qui nous frappaient : la position devenait intolérable. M. Bauny donna enfin le signal de la retraite. Elle s'effectua rapidement : au lieu de prendre la route que nous avions suivie pour venir à Cussey, l'instinct nous poussa à prendre celle de gauche qui traverse les bois ; cela sauva le bataillon d'une destruction presque complète : en effet, à peine notre mouvement de retraite s'était-il prononcé, qu'un bataillon et un escadron ennemi s'emparaient du village de Cussey au pas de charge et se mettaient à notre poursuite ; mais dès que le bataillon des Hautes-Alpes eut atteint le bois, la poursuite cessa, car l'ennemi redouta de s'engager sur un terrain où il pourrait être décimé à bout portant par nos tirailleurs, cachés dans les fourrés ; il se contenta d'inquiéter notre retraite, en dirigeant sur nos colonnes de nombreux obus qui nous firent peu de mal.

Le bataillon fut sauvé dans cette affaire d'une destruction complète, grâce à deux circonstances qu'on ne pouvait prévoir. En premier lieu, le feu de l'ennemi était mal dirigé : les obus et les projectiles des mitrailleuses passaient sur le pont de Cussey, à un mètre environ au dessus de notre tête et allaient éclater derrière nous au milieu du village ; s'il en avait été autrement, c'est par centaines que l'on eut compté les victimes de cette journée. La seconde circonstance qui nous fut favorable doit être racontée avec plus de détails.

Tandis que le combat s'engageait à Cussey, deux colonnes ennemies accomplissaient deux mouvements tournants l'un par le pont de Bussières, à notre droite, l'autre par celui de Pin, à notre gauche, qui n'étaient point gardés : si ces deux colonnes pouvaient se réunir sur nos derrières, nous étions tous faits prisonniers, sans qu'un seul homme pût s'échapper. Heureusement, la colonne, composée surtout de cavalerie, qui passait par le pont de Pin, y fit prisonnier M. Guyot, capitaine de francs-tireurs, occupé à faire couper la route : le prince Guillaume de Bade lui demanda d'où il venait, et ce brave militaire lui répondit aussitôt qu'il précédait un corps de troupes considérable, se dirigeant de Langres à Besançon.

Effrayé et craignant lui-même d'être attaqué et coupé par cet ennemi imaginaire, le prince de Bade perdit une heure à faire faire une reconnaissance derrière lui : bientôt il s'aperçut qu'on l'avait trompé, mais il n'était plus temps alors d'accomplir son mouvement sur Cussey ; le bataillon des Hautes-Alpes était sauvé.

L'ennemi voyant que nous lui échappions et n'osant nous poursuivre à travers les bois, se résolut à nous précéder à Auxon-Dessus, où nous devions nécéssairement passer et lança en avant deux escadrons (dragons et uhlans), pour occuper le village. Au moment même où notre tête de colonne atteignait Auxon, la cavalerie ennemie s'en approchait à 200 mètres et chargeait sur le village.

Elle fut reçue par une vigoureuse fusillade dirigée par les tirailleurs du 3e zouaves qu'on avait eu le temps de faire accourir de Besançon ; décimés par ce feu meurtrier et laissant la moitié des leurs sur le terrain, les deux escadrons se replièrent en désordre sur Cussey et le bataillon des Hautes-Alpes put atteindre les hauteurs d'Auxon (1).

Une quinzaine d'officiers et plusieurs centaines de soldats

---

(1) Plusieurs d'entre nous se mêlèrent aux zouaves et firent feu avec eux sur l'ennemi ; nous citerons entre autres MM. Ferrary, lieutenant, et Donnadieu, garde de la 6e compagnie.

manquaient (1) : le bataillon se reforma néanmoins et reçut l'ordre de se déployer en tirailleurs pour soutenir les zouaves aux prises avec l'ennemi, à quelques centaines de mètres en avant.

A ce moment, les renforts arrivaient en grand nombre de Besançon : des batteries furent établies sur les hauteurs et répondirent avec avantage au feu des ennemis. Le combat continua jusqu'à la nuit, l'ennemi fit des pertes considérables et ne put s'emparer des hauteurs d'Auxon. Vers huit heures du soir, une partie de l'artillerie reçut ordre d'aller se former en parc au Gravier-Blanc, et les restes de notre bataillon, commandés par MM. Roman, lieutenant, et Ferrary, sous-lieutenant, reçurent ordre de l'accompagner.

Arrivés au Gravier-Blanc et ne recevant pas de nouveaux ordres, ne pouvant sans tentes camper sous une pluie continue, nous nous dirigeâmes sur Besançon, d'après les ordres du général Crouzat. En voyant arriver cette troupe de 600 hommes, conduite par deux officiers seulement, on crut d'abord que nous avions fui : les portes de la caserne Saint-Paul nous furent fermées et on commença à nous désarmer. Le sous-lieutenant Ferrary, outré d'un pareil traitement que nous étions loin de mériter, courut à la division. Un officier supérieur, envoyé par M. le colonel de Bigot, arriva aussitôt et dit très-haut de manière à être entendu de tous : « Ouvrez les portes et laissez rentrer le bataillon « des Hautes-Alpes: il s'est si bien conduit aujourd'hui « que nul ne peut se permettre de lui enlever ses armes. « Il reprendra de suite son ancien casernement, et je « donne à tous ses hommes la permission de onze heures. » Puis, s'adressant aux officiers : « Venez demain, leur dit-il, « et on vous fera armer de chassepots. » Il était dix heures du soir.

Dans l'affaire de Cussey, le bataillon avait perdu cinq offi-

---

(1) Un grand nombre d'égarés et même plusieurs prisonniers échappés parvinrent à rallier le bataillon à Besançon le lendemain et les jours suivants.

ciers faits prisonniers, MM. Bauny, commandant, Mealhie et Laurençon, capitaines, Manuel et Cl. Aubert, lieutenants, ce dernier légèrement atteint à la paume de la main par un fragment d'obus (1) ; 22 hommes étaient morts ou disparus, 27 blessés grièvement (2) et 25 environ faits prisonniers. M. Jauffret, capitaine, ayant eu l'imprudence de s'avancer sur les hauteurs d'Auxon, pour assister au combat qui se livrait dans la plaine, fut puni de son inutile curiosité et reçut une balle qui le traversa de part en part. Il guérit de sa blessure après deux mois de souffrances (3).

Une seule compagnie du bataillon des Hautes-Alpes, la 5e, ne prit point part au combat de Cussey, et nous ne saurions rendre cette excellente compagnie responsable de son éloignement du champ de bataille. Voici dans quelles circonstances il se produisit : la 5e compagnie avait dû faire pendant une partie de la nuit des patrouilles et des reconnaissances sur la route de Cussey, où M. Roman, lieutenant, était arrivé avec une vingtaine d'hommes (4). A dix heures, M. de Vitrolles, capitaine, donna ordre de rentrer à Auxon pour manger la soupe ; ce mouvement, accompli sans ordres, fut vivement désapprouvé par M. Bauny, commandant, qui ordonna à la 5e compagnie de reprendre de suite ses premières positions. Au lieu d'exécuter cet ordre à la lettre, M. de Vitrolles, abandonnant la route directe d'Auxon à Cussey, se porta sur la droite au village de Geneuille, fit allumer les feux et préparer la soupe. A peine y était-on installé depuis

---

(1) Cet officier a été décoré, par décret du 27 juillet.

(2) Cinq amputés ont été médaillés, grâce aux actives démarches de M. Dousselin. capitaine-major, et de M. Cézanne, député.

(3) M. Jauffret a été nommé chevalier de la Légion d'honneur.

(4) Nous croyons utile de reproduire textuellement l'ordre qui lui fut donné par M. le capitaine de la 5e compagnie : « Vous allez prendre « vingt hommes et avancer à 200 mètres en plaçant tous les 20 mètres « deux sentinelles ; vous enverrez alors quatre hommes et un caporal « fouiller les bois à gauche, quatre hommes et un caporal fouiller les « bois à droite, et avec le gros de votre troupe vous resterez au milieu « de la route. »

quelques minutes que le canon se fit entendre dans la direction de Cussey, c'était l'ennemi qui s'engageait avec le bataillon des Vosges; M. de Vitrolles donna immédiatement l'ordre de se replier sur Auxon, en permettant toutefois à M. Roman, lieutenant, d'aller à Cussey avec quelques volontaires pour juger la situation. La 5e compagnie prit pour rentrer à Auxon une autre route que celle que le bataillon des Hautes-Alpes, alors en marche sur Cussey, prenait pour en sortir; ils ne purent donc se rencontrer.

En constatant que la 5e compagnie avait quitté son poste une seconde fois, M. le commandant Bauny envoya à M. de Vitrolles M. Pascal, adjudant, pour lui enjoindre de venir de suite se mettre sous les ordres du capitaine Méalhie, commandant le demi-bataillon de gauche; M. de Vitrolles refusa, alléguant qu'il ne pouvait marcher sans son lieutenant envoyé par lui à Cussey; sur cette réponse, M. Méalhie envoya de nouveau M. Louis Aubert, sous-lieutenant, pour presser M. de Vitrolles de le rejoindre; cet officier refusa de nouveau et le bataillon ne pouvant suspendre plus longtemps son mouvement laissa en arrière la 5e compagnie (1). Une trentaine d'hommes de cette compagnie, sous les ordres de M. Roman, lieutenant, revenu à Auxon, au moment de la retraite du bataillon, de MM. Reynaud, sergent, Gautier et Ricard, caporaux, et parmi lesquels nous devons signaler les gardes Amauric, André, Abrachi, Gérard, etc., qui dans tout le cours de la campagne se sont conduits avec courage, poussèrent, au moment où la cavalerie ennemie chargeait déjà sur Auxon, une reconnaissance dans les bois qui bordent la route et furent assez heureux pour rallier un certain nombre d'hommes débandés des Hautes-Alpes et des Vosges, qui n'osaient sortir du bois de peur d'être faits prisonniers et seraient infailliblement tombés peu d'instants après entre les mains de l'ennemi qui s'avançait en forces.

---

(1) C'est sans doute pour récompenser cette conduite que M. de Vitrolles a été nommé chevalier de la Légion d'honneur par décret du 27 juillet, sur sa propre présentation.

Six officiers, MM. Clément, capitaine, Sauvan, Chancel et Garnier, lieutenants, Odiardi et Aubin, sous-lieutenants, s'égarèrent dans les bois avec quelques hommes et prenant trop à droite finirent, après une marche forcée de deux jours, par tomber dans les lignes du général Garibaldi qui organisait alors à Dôle son corps d'armée. Pendant cette retraite, le capitaine Clément, complètement démoralisé et harrassé par la marche et les privations, proposa de se rendre aux ennemis; cette résolution ne fut point adoptée, grâce à l'énergie avec laquelle s'y opposèrent MM. Aubin, Chancel et Odiardi (1). Ces officiers et leurs hommes furent dirigés sur Besançon par ordre du général Garibaldi.

Dans l'affaire de Cussey, les jeunes troupes du bataillon des Hautes-Alpes avaient eu à lutter contre douze mille ennemis, trois batteries d'artillerie et deux mitrailleuses, elles avaient tenu près d'une heure sous un feu meurtrier et avaient donné aux renforts appelés de Besançon le temps d'accourir.

Placés dans une situation où le triomphe était impossible, leur conduite leur fit néanmoins le plus grand honneur et dès lors le bataillon des Hautes-Alpes fut noté dans la division de Besançon comme un des plus sérieux.

L'attaque des Allemands ne se termina pas le 22; le 23' renonçant à enlever les hauteurs d'Auxon, ils attaquèrent Châtillon-le-Duc, abandonné par le général Cambriels, et défendu seulement par 500 francs-tireurs qui avaient refusé de battre en retraite. La lutte fut acharnée toute la journée et les Français conservèrent leurs positions. Le 24, renonçant à s'emparer de Besançon par surprise, l'ennemi battit en retraite dans le plus grand désordre, poursuivi par quelques troupes envoyées de Besançon. La déroute fut telle que des artilleurs badois abandonnèrent leurs pièces à Voray et que

---

(1) C'est sans doute pour récompenser cette conduite que M. Clément, capitaine, a été nommé chevalier de la Légion d'honneur par décret du 27 juillet, sur la présentation de M. de Vitrolles.

des soldats débandés furent tués par les paysans dans les bois. Besançon était sauvé pour le moment.

Le 23, nous reçûmes enfin les chassepots qu'on nous avait refusés jusque là; on réorganisa également provisoirement les cadres, et M. Guillemot, capitaine le plus ancien, reçut le commandement du bataillon par intérim.

Châtillon.

Après les combats des 22, 23 et 24 octobre, une moitié de l'armée de Cambriels passa sous les ordres du général Michel, remplacé plus tard par le général Crouzat, et fut dirigée sur la Loire ; une autre fraction fut mise sous les ordres du général Garibaldi ; quelques bataillons furent réservés pour constituer la garnison de Besançon ; c'étaient le bataillon des Hautes-Alpes (1), le 3e des Voges, un de la Loire, un de la Haute-Garonne, le 16e chasseurs à pied, quelques compagnies de fusilliers de marine et de francs-tireurs, etc. Le général de Prémonville n'avait aucune confiance dans l'efficacité des défenses de Besançon; d'accord avec le conseil municipal de cette ville, il avait parlé de se rendre à la première attaque, mais ces mauvaises dispositions avaient échoué devant l'attitude énergique de M. Ordinaire, préfet du Doubs, décidé à tous les sacrifices plutôt que d'en arriver à cette extrémité. Malheureusement pour nous, la prudence de M. le général de Prémonville nous immobilisa autour de Besançon, quoique cette ville ne fut plus menacée par l'ennemi. Nous fûmes envoyés, le 9 novembre, pour occuper les positions de

---

(1) Nous n'avions en aucune façon demandé à rester à Besançon et aurions désiré plutôt être envoyés sur la Loire ou avec Garibaldi; nous avons appris depuis que, sans nous consulter, un officier du bataillon, qui avait des relations à la division, s'était énergiquement employé pour nous faire rester sous la protection des forts de Besançon. Si nous avions connu cette circonstance, nous aurions sans aucun doute désavoué toute démarche dans ce sens.

Châtillon-le-Duc, Tallenay, le Péage et les Rencenières; nous dominions le cours de l'Oignon et voyions l'ennemi pousser ses reconnaissances de cavalerie et faire des réquisitions sur l'autre rive, sans pouvoir le poursuivre et le chasser, car il nous était enjoint de nous tenir strictement sur la défensive.

Le 12 du même mois, M. de Vitrolles fut nommé chef de bataillon (1). Le 26, il venait prendre le commandement.

Vers la fin de novembre, M. le général de Prémonville fut remplacé dans le commandement de la division de Besançon par M. le général Rolland. Sous ce chef énergique, les défenses de Besançon prirent une activité nouvelle. Le fort de la Justice, entre Besançon et Châtillon, fut terminé, plusieurs redoutes furent élevées à Montfaucon, au mont Rognon, etc. Une compagnie d'éclaireurs à cheval (2) et plusieurs compagnies d'éclaireurs à pied furent organisées et de nombreuses reconnaissances allèrent inquiéter l'ennemi jusque dans la Haute-Saône, à 15 ou 20 kilomètres de Besançon.

Oiselay.

Le 7 décembre, deux compagnies (2ᵉ et 3ᵉ) du bataillon des Hautes-Alpes furent envoyées à Oiselay, 17 kilomètres de Besançon, pour surveiller l'ennemi et lui interdire les réquisitions dans les villages environnants. Elles établirent un poste avancé à Grachaux, à 2 kilomètres en avant, et d'où elles dominaient toute la plaine. L'ennemi, probablement averti de leur présence, ne se présenta pas, seulement deux espions, un officier de ulhans et son ordonnance, furent arrêtés et envoyés à Besançon, où ils furent fusillés.

---

(1) Après huit ans de service dans les hussards, M. de Vitrolles était parvenu au grade de brigadier-fourrier.

(2) M. Sauvan, capitaine du bataillon des Hautes-Alpes, fut nommé commandant de cette compagnie dans laquelle entrèrent plusieurs hommes de notre bataillon.

Ces deux compagnies furent remplacées le 9, par la 5e et la 6e. Le 10, M. Huot, capitaine de francs-tireurs, arriva à Oiselay avec sa compagnie ; il avait ordre d'attaquer un convoi ennemi qui devait se rendre de Vesoul à Gray, et devait se faire prêter main forte dans ce but par les compagnies des Hautes-Alpes (3).

Les francs-tireurs et la 5e compagnie, capitaine Lesbros, partirent, le 11 au soir, d'Oiselay, couchèrent à la Chapelle-Saint-Guilhem et le lendemain allèrent se poster dans les bois de la Vesvre, près du village de Vellexon, au bord de la Saône, à 12 kilomètres d'Oiselay. La 6e compagnie et une compagnie du bataillon de la Haute-Garonne, destinées à les soutenir, occupaient les villages d'Etrelles, Mons, La Chapelle, Sept-Fontaines, Saint-Gand, etc., et se reliaient avec Oiselay par une série de postes. Vers dix heures du matin, les troupes cachées à Vellexon aperçurent un convoi ennemi de quatre voitures, escortées par une trentaine de fantassins et une dixaine de cavaliers. Le capitaine Huot commanda aussitôt le feu qui démonta plusieurs cavaliers et tua plusieurs hommes ; après une fusillade de quelques minutes, on se lança en avant à la baïonnette et on fit main basse sur dix-huit ennemis, dont un officier d'état-major ; les voitures furent renversées et pillées, et quatre chevaux pris. Une voiture et quelques cavaliers seulement parvinrent à s'échapper, une quinzaine d'ennemis restaient étendus sur le sol tués ou grièvement blessés. Malheureusement, le capitaine Huot et l'un de ses hommes avaient été blessés assez gravement aux jambes.

Le soir même, le sergent Béraud, de la 6e compagnie, attaquait vigoureusement avec quinze hommes une petite colonne ennemie qui passait sur la route, à trois kilomètres d'Oiselay,

---

(3) Nous nous sommes beaucoup servi, en ce qui concerne l'affaire d'Oiselay, d'un récit de ce coup de main, écrit par le capitaine Huot lui-même, et dont nous possédons l'original. Ce brave officier a été décoré à la suite de cette affaire.

près du village de Villerchemin, lui tuait plusieurs hommes et lui prenait un cheval.

Le lendemain 13, les troupes postées à Oisclay recevaient la nouvelle que deux colonnes ennemies de 800 hommes chacune se dirigeraient sur ce village pour les en déloger ; ne se sentant pas assez fortes, vu leur petit nombre (200 hommes environ), pour résister efficacement et n'ayant point d'artillerie, elles se replièrent rapidement sur Châtillon.

Pendant les derniers jours du mois de décembre, le bataillon des Hautes-Alpes creusa des tranchées pour abriter les tirailleurs et éleva des épaulements pour placer des canons ; aux Rencenières, point le plus menacé de la position de Châtillon, quarante travailleurs furent employés pendant près de quinze jours à ces travaux rendus fort difficiles par l'état du sol gelé très-profondément.

Du reste la température, à la fin de l'année 1870, était singulièrement froide ; nos hommes, mal abrités, couchés sur de la paille humide et ne recevant que des distributions très-insuffisantes de bois de chauffage, eurent beaucoup à souffrir et leur santé s'en ressentit. Un assez grand nombre atteint de rhumatismes, dyssenterie ou variole, dût être évacué sur Besançon.

Au milieu de ces souffrances et de ces travaux, nous atteignîmes la nouvelle année ; elle devait nous ménager bien d'autres tristesses.

Dès les premiers jours de janvier, nous apprîmes l'arrivée de Bourbaki et de son armée. Bientôt en effet les têtes de colonnes apparurent de toutes parts et ses reconnaissances refoulèrent les Allemands loin de Besançon. Cette armée était du reste dans le plus lamentable état : les hommes étaient exténués par les longues marches dans la neige et les privations, les chevaux, surtout ceux de trait, étaient dans un état affreux. Une multitude de traînards encombraient déjà les routes et excitaient la pitié. Cette agglomération de troupes rendit les approvisionnements fort difficiles, les distributions de vivres devinrent parcimonieuses et insuffisantes ; plusieurs d'entre nous souffrirent de la faim.

Le 9 janvier nous reçûmes l'ordre de nous diriger sur l'Isle-sur-le-Doubs.

Isle-sur-le-Doubs. — Pont-de-Roide.

Notre première étape fut à Chaudefontaine, notre seconde à Baume-les-Dames. Nous y apprîmes la nouvelle de la brillante victoire de Villersexel, dont les blessés et les prisonniers encombraient la ville.

Le 11, nous arrivâmes à l'Isle-sur-le-Doubs. Le 13, l'armée française chassa, après un combat assez vif, les Allemands du village d'Arcey, sur notre droite, et le soir même, après un nouvel engagement heureux, à Sainte-Marie, les refoula sur Montbéliard et Héricourt.

Ce même jour, nous reçûmes la visite de M. Bousson, lieutenant-colonel : il nous informa que désormais nous étions sous ses ordres directs ainsi que le 3e bataillon des Vosges, un de mobilisés de la Haute-Saône et une compagnie franche de zouaves. A partir de ce moment, en effet, M. le lieutenant-colonel Bousson a pris le commandement effectif de notre bataillon et nous n'avons plus reçu d'ordres que de lui seul.

Le 14, nous reçûmes l'ordre de nous diriger en toute hâte sur Pont-de-Roide pour participer à une attaque sur les lignes prussiennes du côté de Blamont : nous parcourûmes le plus rapidement qu'il nous fut possible les 30 kilomètres qui nous séparaient de Pont-de-Roide, mais nous n'y pûmes arriver qu'assez tard et l'attaque fut remise au lendemain.

Le 15, avant le jour, nous prîmes position au village de Bondeval, sur le plateau de Blamont. L'armée de Bourbaki, victorieuse sur toute la ligne, attaquait ce jour-là de front les positions redoutables de Montbéliard et Héricourt ; de Bondeval, on dominait toutes les positions ennemies, nous vîmes donc l'affaire s'engager à nos pieds. Nous distinguions la fusillade des tirailleurs, mêlée au crépitement des mitrailleuses, au bruit de l'artillerie de campagne française et des pièces de position ennemies, le tout dominé par la voix grave et lointaine des canons de marine de Belfort. Ce sauvage concert s'étendait sur une ligne longue de plusieurs lieues avec une égale intensité.

De concert avec plusieurs autres bataillons (1), notre rôle consistait à faire une démonstration sur les lignes ennemies pour nous assurer si elles opposeraient une faible résistance et permettraient de tourner Montbéliard. Nous nous formâmes dans un repli de terrain, entre Bondeval et Valantiniey, et quelques tirailleurs d'un bataillon du Doubs furent envoyés en avant.

L'ennemi, dont les sentinelles et les vedettes se dessinaient sur la blancheur de la neige, à 2,000 mètres de nous, était en force et sur ses gardes. Nos tirailleurs furent accueillis par un feu assez vif et trois batteries ennemies se démasquèrent et couvrirent d'obus les réserves du bataillon du Doubs ; les bois regorgeaient d'ennemis cachés, évalués au nombre de 12,000. Nous n'étions pas en force pour opérer une attaque sérieuse et nous reçûmes l'ordre de battre en retraite sur Bondeval, par Valentiniey. Le soir même, nous rentrions à Pont-de-Roide, très-fatigués, car le plateau de Blamont était couvert d'un mètre de neige au milieu de laquelle nous avions marché toute la journée.

Le lendemain, le bataillon des Hautes-Alpes tout entier fut dirigé sur Audincourt et se massa dans la ferme de Belchamp, appartenant à MM. Peugeot, grands industriels de la contrée. L'armée de Bourbaki, après s'être emparé de toutes les positions en avant de Montbéliard, et entre autres du mont Bard, attaquait la ville elle-même ; la division Peytavin y entrait après une lutte acharnée, mais ne pouvait s'y maintenir. Notre rôle consistait à surveiller l'ennemi retranché de l'autre côté du Doubs, et à l'empêcher de le traverser sur la glace pour prendre l'armée française à revers.

---

(1) Trois bataillons du Doubs, un des Vosges, deux de mobilisés de la Haute-Saône, les francs-tireurs Bourras, etc., en tous 6.000 hommes environ, et une section de pièces de montagne.

Le 17, nous quittâmes Belchamp; les 5° et 6° compagnies occupèrent Bourguignon, entre Pont-de-Roide et Audincourt, les autres rentrèrent à Pont-de-Roide. Après des tentatives nombreuses et inutiles pour s'emparer du château de Montbéliard et forcer les lignes ennemies, l'armée de Bourbaki commença ce jour-là à opérer sa retraite. L'ennemi, voulant s'assurer sans doute si cette retraite ne cachait pas quelque nouvelle attaque par le plateau de Blamont, attaqua lui-même vigoureusement, dans la soirée, nos positions de Blamont, Roche et Bondeval. Les troupes auxquelles elles étaient confiées, surprises par cette attaque brusque et inattendue, firent peu de résistance et se replièrent en désordre sur Pont-de-Roide. Le bataillon des Hautes-Alpes, qui seul était intact, fut chargé de les maintenir et de couvrir Pont-de-Roide, que l'on pensait devoir être attaqué d'un moment à l'autre. Nous nous déployâmes en avant de cette ville et la 6° compagnie, rappelée en toute hâte de Bourguignon, fut placée en grand'-garde sur la route d'Ecurscy; elle y resta de minuit à onze heures du matin; elle fut alors remplacée par la 7° compagnie. Du reste, l'ennemi ne poussa pas plus avant ses attaques de ce côté et évacua même dans la journée les positions dont il s'était emparé.

Le 24° corps (général de Busscrolles), chargé de défendre les défilés du Lomont, depuis Clerval jusqu'à Pont-de-Roide, arriva dans cette dernière ville le 20 janvier. Le quartier général fut établi à Glainans. La mission de ce corps d'armée consistait à s'opposer à la reconstruction du pont de l'Isle-sur-le-Doubs par l'ennemi et à défendre les routes qui de Glainans, Dambelain et Pont-de-Roide conduisent à Pontarlier, par Saint-Hippolyte, Maiche et Morteau. Immédiatement après l'arrivée du 24° corps, le bataillon des Hautes-Alpes évacua Pont-de-Roide et occupa les villages d'Ecot, Villars-sous-Ecot, Dampierre, Colombier-Fontaine, etc. Le 22, tout le bataillon fut massé à Blussans; de là, la 5° compagnie fut envoyée en reconnaissance du côté de l'Isle-sur-le-Doubs, la 6° occupa en arrière le village de Sourans, et la 3° celui de Colombier-Châtelcau, au bord du Doubs.

Les ennemis, sans être inquiétés, reconstruisaient le pont d'Isle-sur-le-Doubs.

Le 22 au soir, tout le bataillon des Hautes-Alpes fut réuni à Sourans; le lendemain, les 5e et 6e reçurent l'ordre de réoccuper Blussans, abandonné la veille. L'ennemi, après avoir traversé le Doubs, à Isle-sur le-Doubs, avait profité de notre retraite pour s'y établir. Une compagnie de la Loire et une autre des mobilisés du Rhône arrivèrent en même temps que nous dans les bois qui entourent Blussans. Nous y entrâmes, mais les trouvâmes déjà en partie occupés par l'ennemi. Après une fusillade de quelques minutes qui ne nous coûta aucune perte, tandis que l'ennemi eut plusieurs blessés, voyant que les compagnies de la Loire et du Rhône s'étaient rétirés et ne nous sentant pas en force pour continuer seuls la lutte, nous nous retirâmes à quelques centaines de mètres du bois de Blussans, attendant de nouveaux ordres (1). Quelques instants après, on nous ordonnait de rentrer à Sourans.

Le lieutenant-colonel Bousson, prévenu de l'arrivée de l'ennemi à Blussans, courut en avertir le général de Busserolles à Glainans, et lui demanda des renforts et de l'artillerie pour défendre le col de Sourans. Le général de Busserolles lui répondit : « Puisque l'ennemi approche, je partirai demain à cinq heures du matin.—Que dois-je faire? demanda M. Bousson. — Ce que bon vous semblera; du reste, à l'heure qu'il est, vos troupes doivent être déja coupées et faites prisonnières. » Aussitôt il donna l'ordre d'abandonner sans combat Glainans, Dambelain et Pont-de-Roide, positions admirables et faciles à défendre avec peu de monde. Le lieutenant-colonel Bousson accourut aussitôt à Sourans, d'où nous partîmes le 24, à six heures du matin, laissant la 4e compagnie pour protéger notre retraite. Une demi-heure après notre départ, l'ennemi entrait à Sourans.

---

1) Nous devons signaler la conduite des gardes Carle, Donnadieu et Imbert ; ce dernier alla tirer sur les Allemands jusque dans le village de Blussans qu'ils occupaient en force. Le premier, monté sur un arbre, d'où il nous signalait les mouvements de l'ennemi, fut salué de plus de cinquante coups de fusil dont heureusement pas un ne l'atteignit.

Saint-Hippolyte, le Fournet.

Nous arrivâmes à Pont-de-Roide et après quelques heures de repos nous prîmes la route de Saint-Hippolyte. Nous étions seuls désormais, tout le pays avait été évacué par les troupes françaises qui se dirigeaient à marches forcées sur Pontarlier. Le lieutenant-colonel Bousson résolut de défendre la route de Pont-de-Roide à Pontarlier avec trois bataillons et les deux compagnies franches qui étaient sous ses ordres (1).

Le 25, nous passâmes toute la journée à Saint-Hippolyte, en nous faisant seulement éclairer à Pont-de-Roide par le capitaine Huot et sa compagnie franche, qui eût un engagement avec quelques ulhans. Le 26, la compagnie Huot resta à Pont-de-Roide et les 4e, 5e et 6e compagnies du bataillon des Hautes-Alpes furent envoyées à Dampjou, Solemont et Feule pour la soutenir en seconde ligne.

Le colonel Bousson apprit alors que de nombreuses colonnes ennemies se dirigeaient sur Maiche par la route de Glainans à Orgeans, situés à dix kilomètres derrière nous et que nous allions infailliblement être coupés, si nous ne nous gardions pas de ce côté. Il donna aussitôt l'ordre d'évacuer Pont-de-Roide et les communes voisines, ce qui fut fait après un nouvel engagement des francs-tireurs Huot avec les éclaireurs ennemis.

Le 27, le quartier-général fut transféré à Maiche; la 2e compagnie des Hautes-Alpes occupa Montandon, la 3e Mouil-levillers, la 6e Blancefontaine, la 7e Fleuret. La compagnie franche de zouaves et la 4e compagnie des Hautes-Alpes furent placées en grand'garde, la première à Saint-Hippolyte, la seconde au Pont-Neuf. Nous occupions ainsi fortement tout le cours de la Dessoubre qui se jette dans le Doubs à Saint-Hippolyte.

---

(1) **Bataillons** des Hautes-Alpes, Vosges, mobilisés de la Haute-Saône, compagnie franche des zouaves de M. de Lavallière et compagnie de francs-tireurs Huot.

Jusqu'au 29, l'ennemi n'osa pas nous attaquer et se contenta d'envoyer en avant quelques éclaireurs sur lesquels nos avant-postes firent feu.

Les commandants des bataillons des Vosges et de la Haute-Saône déclarèrent alors que leurs hommes étaient exténués, incapables de résister et qu'une retraite immédiate leur était impérieusement commandée.

Nous reçûmes aussitôt l'ordre de nous replier sur Maiche, d'où nous partîmes après quelques heures de repos, y laissant la 5ᵉ et la 1ʳᵉ compagnies pour protéger notre retraite. Les bataillons des Vosges et de la Haute-Saône suivirent la route directe de Maiche à Pontarlier et n'agirent plus de concert avec nous. Sous les ordres du colonel Bousson, nous prîmes à gauche une route de traverse qui nous conduisit à Charquemont et au Fournet.

Les 1ʳᵉ et 5ᵉ compagnies se replièrent, après avoir fait le coup de feu avec les éclaireurs ennemis, et tout le bataillon occupa le Fournet (1), laissant à Charquemont trois compagnies, les 2ᵉ, 4ᵉ et 6ᵉ.

Le lendemain 30, Charquemont fut évacué, la 6ᵉ compagnie fut envoyée aux Barboux, le reste du bataillon resta dans les hameaux du Fournet, en plaçant une grand-garde au Creux-de-Charquemont.

Toutes ces marches avaient lieu par un froid des plus rigoureux et à travers des sentiers encombrés de près d'un mètre de neige. L'excellente constitution et la bonne volonté des soldats des Hautes-Alpes leur permirent seules de supporter ces cruelles fatigues sans se plaindre.

Le 31, on afficha dans toutes les communes la nouvelle de la conclusion d'un armistice de vingt-un jours. Nous pensions pouvoir prendre enfin un peu de ce repos dont nous avions tant besoin.

Les 4ᵉ et 7ᵉ compagnies furent aussitôt renvoyées à Charquemont pour débarasser un peu les hameaux du Fournet,

---

(1) Cette commune se compose de plusieurs hameaux séparés: la Chapelle-de-Blancheroche, la Grand'Combe-des-Bois, etc.

encombrés de troupes. Chacun fut prévenu de s'installer pour
vingt-un jours dans les lieux où il se trouvait. Les postes
avancés furent supprimés et on ne conserva plus que les
postes de police. A peine les 4e et 7e compagnies furent-elles arrivées à Charquemont que les ulhans se montrèrent à l'entrée
du village M. Guillemot, capitaine commandant le détachement, pensant qu'il venaient pour régler quelques questions
relative à l'armistice envoya au devant d'eux le maire en
parlementaire. Quand ce magistrat leur eût parlé de l'armis-
tisce, ils répondirent qu'ils n'en reconnaissaient aucun, qu'ils
étaient les plus forts et voulaient poursuivre et faire prison-
nière toute l'armée de Bourbaki ; puis ils se retirèrent au
galop en annonçant une attaque prochaine. Le capitaine
Guillemot, croyant à une erreur qui bientôt serait réparée,
ne voulant pas faire inutilement couler le sang et du reste
regardant comme fort difficile de se défendre à Charquemont,
village dominé de plusieurs côtés, se replia sur le Fournet,
en prévenant le colonel Bousson de ce qui se passait. Aussitôt
on prit des mesures pour défendre le Fournet. Les 3e, 5e et
1re compagnies furent déployées en tirailleurs dans les grands
bois de sapins qui couvrent les abords de ce village. Peu de
temps après l'ennemi fut signalé au Creux-de-Charquemont.
Voulant tenter un dernier effort, le colonel Bousson envoya
le lieutenant adjudant-major Ferrary en parlementaire pour
savoir si décidément il existait un armistice ou non. Le colonel commandant la colonne ennemie répondit à cet officier
que l'armistice existait en effet, mais n'était en aucune façon
applicable à l'armée de l'Est et que dans un quart d'heure il
allait nous attaquer. Peu d'instants après (cinq heures), en
effet, l'ennemi fit avancer sur nous trois colonnes d'attaque.
Ici se place un fait étrange et impliquant de la part de
l'ennemi le dessein bien arrêté de nous tromper sur ses
intentions.

La colonne ennemie qui attaquait la droite de nos positions arriva presque débandée : les soldats avaient le fusil en
bandoulière, ils causaient, riaient et avaient l'air pacifique.

Les officiers de la 5ᵉ compagnie, placée en face d'eux, hési-
taient à commander le feu sur des hommes pour ainsi dire
désarmés ; peu à peu leurs rangs et les nôtres se rapprochè-
rent et ils se mirent à fraterniser avec nos soldats ; l'idée qui
traversa l'esprit de chacun fut que de nouveaux ordres pres-
crivaient à l'ennemi d'exécuter l'armistice. Après quelques
instants de cette situation étrange, un officier allemand
s'approcha du lieutenant Aubin voulut lui enlever son sabre
et le conduire prisonnier à son colonel. M. Aubin résista vivement, le garde Amauric vint au secours de son lieutenant et
tua l'officier ennemi d'un coup de fusil à bout portant. Aussitôt les ennemis se reculent, nous nous cachons derrière les
arbres et un feu violent s'engage. Pendant que ces évènements
se passaient à notre droite, la 1ʳᵉ compagnie, placée à gauche,
se défendait vigoureusement, sous les ordres de MM. Odiardi,
capitaine, et Gautier, lieutenant. Malheureusement, la 3ᵉ
compagnie, placée au centre, céda au premier choc et fut
rejetée sur le Fournet sans opposer de résistance. Les 1ʳᵉ et
5ᵉ compagnies durent alors se replier en tou'e hâte pour ne
pas être faites toutes entières prisonnières. L'ennemi entrait
peu après au Fournet, évacué précipitamment par notre
bataillon. Les 4ᵉ et 7ᵉ compagnies étaient déployées en
tirailleurs un peu en arrière pour protéger notre retraite,
qui du reste ne fut pas inquiétée.

Dans cette affaire nous n'eûmes ni morts ni blessés, mais
environ cinquante prisonniers, parmi lesquels MM. Odiardi,
capitaine (1), et Gautier, lieutenant ; la plupart des prisonniers purent s'échapper le lendemain et gagner la Suisse,
une quinzaine seulement furent conduits en Allemagne. Les
ennemis, d'après leurs aveux, perdirent une vingtaine de
morts ou de blessés.

---

(1) M. Odiardi a été, par décret du 27 juillet, nommé chevalier de la
Légion d'honneur.

Le Villers.

Après une marche longue et fatigante, le bataillon des Hautes-Alpes atteignit le Pissoux, où il se reposa une heure environ, et arriva au Villers, vers trois heures du matin. Le village était occupé par un bataillon de douaniers; il n'y avait plus de place, la plupart d'entre nous dûrent pour se reposer s'étendre dans la neige ou s'entasser dans une salle d'auberge.

A quatre heures, on nous avertit que les Prussiens étaient arrivés au Pissoux ; le colonel Bousson nous dirigea immédiatement sur les Pargots, village moitié français, moitié suisse, à deux kilomètres du Villers. Nous y passâmes toute la journée du 1er février. Le 2, nous repartîmes pour le Villers où l'ennemi ne s'était pas encore montré et nous y couchâmes, en ayant soin de placer deux grand'gardes sur les routes du Pissoux et de Morteau. A une heure du matin (2 février), notre grand'garde de la route de Morteau était attaquée et dispersée, le bataillon fut aussitôt rassemblé, et M. Roman, avec vingt hommes, envoyé sur la route de Morteau pour arrêter quelques instants l'ennemi, s'il se présentait; il ne tarda pas en effet à paraître et au cri de : *Qui vive ?* répondit : *Vosges!* A ce moment le bataillon quittait le Villers et se dirigeait pour la seconde fois sur les Pargots ; les hommes qui, sous les ordres de M. Roman, défendaient la route de Morteau, purent la suivre après avoir échangé quelques coups de fusil avec l'ennemi. La grand'garde qui, sous les ordres de M. Peysson, sous-lieutenant, gardait la route du Pissoux, le rejoignit également, en passant le Doubs sur la glace.

En Suisse.

Une heure après être arrivés aux Pargots, nous passions en

Suisse (1); nos armes et nos munitions nous étaient enlevées, et malgré l'accueil bienveillant et la politesse extrême des officiers suisses, la plupart d'entre nous étaient accablés de honte et de tristesse. On nous dirigea sur le Locle où la population entière apporta à nos pauvres soldats du café, du bouillon, du linge, des cigares, en un mot tout ce qui pouvait leur être utile. Après un peu de repos, la colonne prit la route de la Chaux-de-Fonds, où elle arriva vers midi ; toute la population était accourue à notre rencontre et nous fit l'accueil le plus sympathique. Un comité avait été organisé pour fournir à nos hommes du linge et des chaussures, nos malades, recueillis dans un hôpital créé pour la circonstance, furent soignés par les dames de la ville avec un dévouement au-dessus de tout éloge. Le 3, nous montions en chemin de fer et arrivions à Neufchâtel ; là, on sépara les officiers des sous-officiers et soldats ; les premiers furent internés à Lucerne et Zurich, les seconds envoyés à Neuveville (canton de Berne).

Retour en France.

Après un mois et demi de repos au milieu de ces excellentes populations dont le souvenir, il faut l'espérer, ne s'effacera pas dans le département des Hautes-Alpes, nous recevions l'ordre de rentrer en France. Le bataillon, rejoint par une partie de ses officiers (1), partit de Neuveville le 19 mars et arriva le soir même à Grenoble. Le 26, nous arrivions à Gap et étions aussitôt renvoyés dans nos foyers.

---

(1) M. Guillemot, capitaine, accompagné de M. Ferrary, son sergent-major, et de soixante hommes, tenta de rentrer dans le Jura, par Pontarlier ; après des fatigues inouïes, il y réussit ; mais la plupart de ses hommes, incapables de le suivre, durent passer en Suisse, aux Verrières, et il n'en put amener que quinze à Lons-le-Saulnier. Il rentra à Gap et organisa des compagnies de marche en prévision de la continuation de la guerre.

(2) C'étaient MM. Garnier, Lesbros, capitaines, Roman, Chancel, Trochon, lieutenants, Salomon, Pascal et Augier, sous-lieutenants.

Conclusion.

Les soldats du bataillon des Hautes-Alpes étaient robustes, habitués aux fatigues et aux privations, soumis et obéissants à leurs chefs, intelligents et courageux. Nous ne croyons pas qu'un seul ait refusé d'obéir à un ordre formel ou ait été insolent envers ses supérieurs. Malgré les fatigues que nous endurions en longeant la frontière suisse, pas un de nos hommes n'a déserté et la plus cruelle punition à leur infliger était de les laisser dans la réserve, tandis que leurs camarades allaient au feu. Partout où nous avons passé nos soldats se sont fait aimer des habitants du pays, auxquels ils rendaient tous les services dont ils étaient capables. Malgré le peu de temps qu'on avait pu consacrer à son instruction, le bataillon des Hautes-Alpes manœuvrait avec un ensemble et une précision remarquables, surtout les 4e, 5e et 6e compagnies qui étaient de beaucoup les meilleures. Pour me résumer en un mot, notre bataillon eût probablement été l'un des meilleurs de France, une seule chose lui a toujours manqué : un chef.

PIÈCES

JUSTIFICATIVES.

A

RAPPORT DE M. DE VITROLLES.

(Nous avons scrupuleusement respecté l'ortographe et la ponctuation
de ce rapport et n'en acceptons pas la responsabilité).

Lorsque le bataillon des Hautes-Alpes (effectif 1,130 hommes), reçut l'ordre de partir, le 23 septembre 1870, pour Vesoul, cinq compagnies avec le chef de bataillon M. Beauny, se trouvaient à Gap, deux à Embrun et une à Briançon. La huitième compagnie resta au dépôt. Les autres compagnies se rendirent, par étapes, à Grenoble, pour y prendre le chemin de fer directement jusqu'à Vesoul, où, le 2 octobre, elles se trouvèrent toutes réunies. — M. le général Cambriels commandait en chef l'armée des Vosges, M. le général de Mallet à Vesoul.

Le 9 octobre. — De Vesoul à Saint-Loup, par chemin de fer, la 5e compagnie détachée à Magnancourt, les 4e et 6e compagnies également dans les environs (1).

Le 13 octobre. — A huit heures m. départ pour Plombières, où le bataillon arrive à 2 heures. — Combat d'avant-garde entre les troupes du général Cambriels et 4,500 Prussiens (2).
— Le général Cambiels, craignant d'être cerné le lendemain par des forces considérables, renonce à défendre plus longtemps les défilés des Vosges et effectue sa retraite sur Besan-

---

(1) M. de Vitrolles a écrit évidemment son rapport à l'aide de renseignements incomplets ; il ignore le nom des villages de Boulignier et Corbenay, où étaient détachés les 4e et 6e compagnies.

(2) Les combats de Bruyère et la Burgonce furent plus importants que ne le prétend M. de Vitrolles ; du reste on se demande quel intérêt il peut y avoir à parler, dans un rapport officiel, de ces événements étrangers à notre bataillon.

çon. — L'ordre arrive au bataillon, à 5 h. s. de quitter Plombières.

Le 14 octobre. — Parti à 3 h. m. le bataillon prend le chemin de fer à Aillevilliers ; il devait s'arrêter à Auxonne. Faute d'ordres précis, il continue sa route jusqu'à Besançon. Il fera partie pendant tout le reste de la campagne, de la garnison de cette ville.

Le 19 octobre. — Le bataillon part, à 3 h. s. pour Auxon-le-Dessus (11 kilomètres de Besançon) ; à l'entrée de la vallée de l'Oignon, 23 hommes venus de l'hôpital de Vesoul, avec le caporal Gautier, rentrent au corps.

Le 21 octobre. — Trois cavaliers badois, envoyés en éclaireurs sur les bords de l'Oignon, sont surpris et faits prisonniers ; l'un d'eux, grièvement blessé (3). Ils sont conduits à Besançon, où le commandant Beauny envoie un officier prévenir le quartier général des mouvements offensifs de l'ennemi.

Le 22 octobre (combats de Cussey et d'Auxon). — Une colonne prussienne, d'environ 7,000 hommes, détachée de l'armée du général de Werder, qui marchait sur Dijon, quitte Oiselay et se dirige sur Cussey. — Des batteries prussiennes sont installées aux abords de d'Etut, village séparé de Cussey par l'Oignon. Les bords de cette rivière étaient défendus par le 85ᵉ de ligne, établi entre Cussey et Vorey, une batterie d'artillerie et un peloton de chasseurs à cheval (4). Le 3ᵉ ba-

---

(3) Ces trois cavaliers badois étaient des fantassins et la blessure dont l'un était atteint au bras était fort légère. Ces trois prisonniers furent faits par des chasseurs à cheval et non par des soldats de notre bataillon, comme on pourrait l'induire du récit de M. de Vitrolles.

(4) Les ennemis étaient au moins 25 mille, dont 10 mille en réserve à Oiselay ; le général de Werder commandait en personne. Une seule batterie ennemie fut placée sur la gauche d'Etuz, vers neuf heures du matin, deux autres étaient placées à Boulot. Le 85ᵉ de ligne n'était en aucune façon sur les bords de l'Oignon ; M. de Vitrolles, qui n'était pas présent, a dû confondre ce régiment avec quelques compagnies du 78ᵉ placées près de Vorey. La batterie française placée à Cussey était de trois canons seulement.

taillon de mobiles des Vosges gardait le pont de Cussey, et deux compagnies de ce bataillon traversant ce pont, s'étaient embusquées derrière 'un remblai. Leur fusillade, qui empêcha longtemps les pelotons d'infanterie prussienne de sortir des bois d'Etut, cessa, vers 10 heures, faute de munitions (5). A ce moment, le colonel Perrin, donne l'ordre au bataillon des Hautes-Alpes de quitter Auxon. A l'exception de la 5e compagnie, envoyée depuis 3 heures m. en reconnaissance, vers Geneuille et postée, dès huit heures du matin, par son capitaine, sur un mamelon dominant Cussey, à 1 kilomètre de ce village (6), ce bataillon, armé de fusils — modèle 1822bis, arriva, à midi, à Cussey. Le demi-bataillon de gauche fut placé sous le commandement du plus ancien capitaine M. Méalhie.

Postés en tirailleurs le long de la rivière en attendant les secours de Besançon, nos soldats rendaient ce passage infranchissable ; mais le colonel Perrin, donna l'ordre de marcher sur Etut (7). Le bataillon des Hautes-Alpes est lancé en colonne serrée, sur le pont que l'ennemi criblait de mitraille, et, arrivé sur l'autre rive, ne peut se déployer, ni faire usage de ses armes. Refoulé sur Cussey, il laisse entre les mains de

---

(5) Le bataillon des Vosges arrivé à Cussey, vers neuf heures, fut attaqué, vers dix heures seulement, et ne cessa donc pas le feu à ce moment faute de munitions.

(6) La 5ᵉ compagnie n'avait pas été envoyée en reconnaissance vers Geneuille, mais en grand'garde sur la route d'Auxon à Cussey. M. de Vitrolles, capitaine de cette compagnie, resté jusqu'à 9 heures du matin à 400 ou 500 mètres seulement d'Auxon, ne pût donc placer sa compagnie sur un mamelon à 1 kilomètre de Cussey. Vers 10 heures, il conduisit, sans ordres du commandant, sa compagnie à Geneuille, pour déjeuner, abandonnant ainsi le poste qui lui avait été confié. (Voyez *Pièces justificatives*. B et page 21.)

(7) L'affectation de faire parade de sa science militaire n'est pas une des moindres qualités de M. de Vitrolles, nous laissons à ceux qui ont fait la campagne sous ses ordres, le soin de décider si elle est justifiée. L'ordre du colonel Perrin nous enjoignait d'aller à Boulot et non à Etuz.

l'ennemi : 27 blessés (renvoyés le lendemain), 22 hommes tués ou disparus et une trentaine de prisonniers. Le commandant Beauny et quatre officiers (dont deux blessés légèrement : MM. le capitaine Méalhie et le lieutenant C. Aubert), sont obligés de se rendre.

Pendant ce temps, la 5ᵉ compagnie, rentrée dans le cantonnement, se déployait en tirailleurs, sur la crête du plateau d'Auxon, où le 3ᵉ zouaves de marche, venait d'arriver. Trois officiers ne restent pas sur ce nouveau champ de bataille et retournent à Besançon, le capitaine Roux et le sous-lieutenant Marin revenus de Cussey ; le lieutenant Roman, de la 5ᵉ compagnie, (ce dernier, après avoir abandonné son capitaine, rencontra une patrouille de sa compagnie, près de laquelle se montrèrent quelques dragons Badois ; nos soldats les visaient lorsque M. Roman les empêcha de tirer en leur disant qu'ils étaient Français). — Le capitaine Guillemot rentre le lendemain, et trois jours après cinq officiers et trente hommes qui, coupés dans leur retraite, ont gagné Dôle. Tous les autres officiers qui ont pu revenir directement à Auxon, rallient les soldats (environ 600), et le capitaine de Vitrolles, comme le plus ancien de son grade, présent, prend le commandement. A cinq heures, arrive le général Cambriels. — Les Prussiens avancent dans la plaine, à travers les bois ; mais dès qu'ils en sortent, la fusillade les refoule promptement. Le bataillon des Hautes Alpes combat jusqu'à 9 heures, et ne rentre à Besançon, à 11 heures, qu'après avoir coopéré à la charge à la baïonnette faite par les zouaves, dans le village d'Auxon (8). — Le capitaine Jeauffret est dangeureusement blessé.

---

(8) La 5ᵉ compagnie restée à Auxon pendant le combat ne fit aucun mouvement. M. de Vitrolles déjeunait au moment où les cavaliers ennemis arrivèrent à l'entrée du village, et ne voulut pas se déranger en disant : « Il n'y a aucun danger, s'il y en avait j'y serais. » Quand les premières décharges des zouaves eurent lieu, M. de Vitrolles abandonna aussitôt le commandement de la compagnie et ne fut plus aperçu par nous à partir de ce moment. Il n'a donc pu prendre aucun comman-

Le 23 octobre. — Les Prussiens tentent de s'emparer de Chatillon-le-Duc. Ils sont repoussés avec pertes jusqu'à Geneuille. — Un colonel badois est tué à leur tête. — Renonçant à de nouvelles attaques sur les avant-postes de Besançon, ils continuent leur marche sur Dijon. Le bataillon des Hautes-Alpes, qui marchait à Chatillon-le-Duc, reçoit contre-ordre, à moitié chemin et revient dans la place, où il est armé de fusils chassepot (9).

Le bataillon est en station à Besançon, jusqu'au 9 novembre.

Le 30 octobre. — Le général Michel, remplace le général Cambriels dans le commandement de l'armée des Vosges.

Le 9 novembre. — Le bataillon est cantonné à Chatillon-le-Duc, distant d'un kilomètre des Rancenières et de Tallenay, où se logent deux compagnies (10).

Le 12 novembre. — Par dépêche ministérielle, datée de Tours, 1er novembre, le capitaine de Vitrolles est nommé chef de bataillon, en remplacement de M. Beauny, fait prisonnier à Cussey.

Le 1er décembre. — M. Rolland, capitaine de vaisseau, commandant une brigade, est nommé général de division au titre auxiliaire, à Besançon, en remplacement du général de

---

dement ni donner aucun ordre. Le bataillon fut rallié par MM. Ferrary et Roman, qui seuls le conduisirent à Besançon, d'après les ordres formels de MM. le général Crouzat et le colonel de Bigot. Le bataillon des Hautes-Alpes ne combattit pas jusqu'à neuf heures, il ne prit point part à la charge à la baïonnette exécutée par les zouves, et rentra à Besançon à dix heures. Ce paragraphe contient autant d'erreurs que de mots. M. de Vitrolles n'étant pas présent est excusable. (Quant à la conduite de M. Roman dans cette affaire, voir *Pièces justificatives. B*).

(9) Le bataillon n'est pas sorti le 23 des murs de Besançon. il n'a pas dépassé la gare près de laquelle on l'avait envoyé se réformer et se réorganiser.

(10) Le 9 novembre, le bataillon n'occupait pas Tallenay, mais en revanche occupait le Péage. Le 15 seulement, il abandonna cette dernière position pour celle de Tallenay. M. de Vitrolles, malade à Besançon à cette époque, devait ignorer ces détails.

Prémonville. Le commandement de l'armée de l'Est avait été supprimé le 10 novembre.

Le 5 décembre. — Le général Rolland autorise par écrit le commandant de Vitrolles à tenter des surprises contre les détachements prussiens qui traversent l'extrémité ouest de la vallée de l'Oignon, sur la route de Dijon à Vesoul. Cet officier supérieur *devra s'assurer par lui-même que les expéditions qu'il ordonnera seront à peu près sûres.*

Le 7 décembre. — Le commandant de Vitrolles détache les 2e, 3e, 5e compagnies à Oiselay, et se rend dans ce village (11).

Le 9 décembre. — Les 2e et 3e compagnies rentrent à Chatillon.

Le 10 décembre. — Le capitaine Lesbros (5e compagnie, avec un détachement de la 6e) selon les instructions du commandant, par d'Oiselay, à 2 heures s., avec ses 90 hommes les plus résolus, devant marcher toute la nuit, pour surprendre un convoi prussien. — Il laisse à Oiselay, le lieutenant Roman et 30 hommes, et garde avec lui le lieutenant Aubin (12).

Le 11 décembre. — Après une marche de 32 kilomètres, aidé par le capitaine des francs-tireurs Huot, grièvement blessé dès le début dans ce combat, il surprend les Prussiens, à 11 heures du matin.

Le 13 décembre. — Le commandant de Vitrolles, rend compte de ce combat dans l'ordre du jour suivant :

---

(11) C'est le 9 décembre seulement que la 5e compagnie et soixante hommes de la 6e allèrent à Oiselay.

(12) Le capitaine Lesbros, parti d'Oiselay le 11, à deux heures, et non le 10, loin de marcher toute la nuit, coucha à la Chapelle-Saint-Guilhem. M. Roman ne resta pas à Oiselay avec trente hommes. Le 12, à cinq heures, cet officier à la tête de cent-cinquante hommes (Hautes-Alpes et Haute-Garonne), occupa plusieurs villages pour soutenir le mouvement en avant des capitaines Huot et Lesbros. Du reste l'affaire eût lieu le 12 et non le 11. Cette légère erreur est excusable de la part de M. de Vitrolles qui n'était pas présent.

OFFICIERS, SOUS-OFFICIERS ET SOLDATS.

« Le capitaine Lesbros, a exécuté une brillante reconnais-
« sance en avant d'Oiselay, selon mes ordres. — Il est parti
« avec les francs-tireurs du capitaine Huot, le 10 décembre
« dans l'après-midi. Un convoi attaqué et dispersé, une co-
« lonne prussienne forcée d'arrêter son mouvement; un
« officier blessé et 18 soldats prisonniers; 5 chevaux pris
« avec leurs voitures, environ trente Prussiens tués ou bles-
« sés. — Tels sont les résultats dûs à son zèle et à son intel-
« ligente bravoure. »

« M. le lieutenant Aubin, le sergent Béraud qui a com-
« mandé les francs-tireurs lorsque leur capitaine a été
« grièvement blessé, — le sergent Bernard aussi blessé d'une
« balle à la cuisse; le sergent Pascal, se sont distingués dans
« ce combat. (13). »

Le général Rolland demande de suite la médaille millitaire
pour le sergent Bernard.

Le 14 décembre. — Les Prussiens marchent en force du
camp de Saint-Mamert, sur Oiselay. Le capitaine Lesbros

---

(13) Pourquoi M. de Vitrolles n'a-t-il pas reproduit ici son véritable
ordre du jour? Mystère! Quoiqu'il en soit voici la pièce authen-
tique :

« OFFICIERS, SOUS-OFFICIERS ET SOLDATS.

« Le capitaine Lesbros a exécuté, en avant d'Oiselay, une reconnais-
« sance selon mes ordres, qui a jusqu'ici réussi, grâce à son zèle et à
« son intelligente bravoure. Il est parti avec les francs-tireurs du capi-
« taine Huot, le 11 décembre, dans l'après-midi. Un convoi attaqué et
« dispersé, une colonne prussienne forcée d'arrêter son mouvement,
« dix-sept prisonniers, plus un lieutenant, trois chevaux pris, six tués,
« tels sont les résultat de cette brillante journée. M. le lieutenant
« Aubin, le sergent Béraud, qui a pris le commandement d'une partie
« des francs-tireurs. le sergent Bernard, qui a également pris le com-
« mandement d'une partie de la compagnie, et qui est revenu blessé
« d'une balle à la cuisse, le sergent Pascal, ont contribué par leur intel-
« ligence et leur bravoure à ce brillant résultat. »

Cet ordre du jour contient une foule d'erreurs qu'il serait fastidieux
de relever.

reçoit l'ordre de se replier (14). Deux de ses soldats, restés endormis, surpris par l'arrivée de l'ennemi, se cachent jusqu'à son départ. Ils rencontrent deux Prussiens attardés dans la rue, les saisissent et les conduisent à Besançon.

Le 16 décembre. — L'ennemi envoyant des colonnes faire des réquisitions dans la vallée de l'Oignon, une compagnie relevée tous les huit jours, est détachée à Geneuille. — De fortes reconnaissances parcourent tous les jours la plaine. — Le bataillon de la Haute-Garonne est établi à Auxon (15). Un bataillon de la Loire, exécute des travaux de défense sur les bords de l'Oignon, à Cussey. Des terrassements sont également exécutés par le bataillon des Hautes-Alpes, aux Rancenières où se trouve toujours une compagnie.

Le 22 décembre. — Les troupes devant être prêtes à marcher, le général Rolland, fait donner par l'intendance les capotes, havre-sacs, aiguilles de rechange pour les fusils chassepot et tous les objets de campement qui manquaient au bataillon.

Le 7 janvier. — Le bataillon des Hautes-Alpes, étant destiné à opérer sur l'aile droite de l'armée du général Bourbaki, le commandant de Vitrolles va recevoir auprès du général Rolland les ordres du départ. — Le bataillon, ainsi que ceux des Vosges commandés par M. le lieutenant-colonel Bousson, fait partie de la brigade du général Minot — du 15° corps d'armée —; mais les hazards de la campagne, ne l'ayant jamais réuni aux troupes avec lesquelles il doit se trouver, il manœuvre constamment seul (16).

---

(14) J'ignore ce qu'est le camp de Saint-Mamert, à moins que M. de Vitrolles n'entende par là le village de Fresne-Saint-Mamès. Le départ pour Châtillon eût lieu le 13 et non le 14.

(15) Le bataillon de la Haute-Garonne occupait Auxon depuis le 15 novembre.

(16) Le départ de Châtillon eut lieu le 9, et non le 7. Le lieutenant-colonel Bousson commandait un bataillon des Vosges et un bataillon des mobilisés de la Haute-Saône. Nous avons jusqu'au 29 janvier opéré conjointement avec ces troupes, sous les ordres de M. Bousson. Jamais, que nous sachions, le bataillon n'a fait partie du 15° corps. M. de Vitrolles est seul à connaître ce détail.

Le bataillon part à midi (laissant à Besançon les ouvriers, les convalescents et les 30 hommes employés à la garde des bœufs destinés à la garnison) ; effectif : 945 hommes — pour aller, par la rive gauche de l'Oignon, coucher le même jour à Chaudefontaines ; le lendemain à Baumes-les-Dames et le 11, en passant par Clerval, à l'Isle-sur-le-Doubs, où il a pour mission de défendre le passage de la rivière et le pont qui doit être réparé pour être conservé à la disposition de l'armée opérant en avant sur la rive droite. Le commandant de Vitrolles cantonne le bataillon sur la rive gauche ; plaçant la 7ᵉ compagnie sur la rive droite ; et, à 2 kilomètres ; la 3ᵉ compagnie à Médières, avec ordre de s'éclairer dans la direction de Faimbo et Bretigny et dans celle de Longevelle. — Le bataillon est couvert sur la droite par une brigade entière, plus 3 bataillons du 54ᵉ de marche et un bataillon des mobilisés du Doubs. — A sa gauche, il se relie avec les bataillons des Vosges cantonnés à Clerval (17).

Le 12 janvier. — L'armée, dont on entend le canon, et qui venait de vaincre à Villersexel, enlève les villages d'Arcey et de Sainte-Marie.

Le 15 janvier. — L'armée occupe Montbelliard, Sar-le-Château, Vyons, Sarrey, Byans, Conte-Hénaut et Chusey ; le bataillon des Hautes-Alpes quitte l'Isle-sur-le-Doubs, pour se rendre à Pont-de-Roide, par ordre du lieutenant-colonel Bousson (18). — Le capitaine Roux est nommé pour remplir dans cette place les fonctions de sous-intendant.

Le 16 janvier. — (9 heures du matin) à Bondeval, où le

---

(17) Plus de 50 mille hommes de l'armée de Bourbaki se trouvaient entre l'ennemi et nous quand nous étions à l'Isle-sur-le-Doubs. Nous ne risquions donc point d'être attaqués, nous n'avions rien à défendre et n'avions pas besoin de prendre de précautions, qui du reste ne furent pas prises.

(18) Le bataillon partit pour Pont-de-Roide le 14 et non le 15 janvier. M. de Vitrolles avare de détails en ce qui concerne les marches et les cantonnements du bataillon, ne tarit pas lorsqu'il s'agit des autres, érudition au moins inutile. On verra ce fait se reproduire maintes fois avant la fin de ce rapport.

colonel de Vézet, avec 4 bataillons de mobiles et de l'artillerie, cherchait à refouler les troupes prussiennes qui se
trouvaient sur le flanc droit de notre armée, entre Montbelliard et la frontière suisse. Le commandant de Vitrolles,
descendu dans la plaine, est chargé d'enlever à la baïonnette
le village d'Exaincourt, où l'on suppose environ deux mille
Prussiens. Il forme sa colonne en division par échelon ; la 7°
compagnie en tirailleurs sur le flanc droit. Mais tout-à-coup
des pelotons d'infanterie prussienne, sortis des collines boisées qui sont à sa droite viennent se ranger à mi-côte et la
crête se garnit d'artillerie. M. le colonel de Vézet qui voit
cette manœuvre de Bondeval, fait suspendre ce mouvement.
— La journée se termine par quelques coups de canons
échangés de chaque côté (19). — Les Prussiens, néanmoins, se
contentent de rester sur la défensive, ils attendent, pour savoir s'ils doivent marcher en avant, le résultat de la lutte
acharnée qui se livre en ce moment près de Montbelliard,
sur les bords de la Lisaine, où le général Bourbaki emporte
la position de Chenebier ; mais échoue devant Héricourt. Le
bataillon rentra à Pont-de-Roide à 8 heures du soir.

Le 17 janvier. — Le bataillon se rend à Béchamps, à 2
kilomètres de Montbelliard, où il passa le Doubs, sur la glace,
pour aller prendre part à la bataille (20). Il reçoit contre-
ordre et revient à Béchamps.

---

(19) Le bataillon alla de Pont-de-Roide à Bondeval le 15 et non le 16.
M. de Vitrolles entassa notre bataillon, sans ordre, dans un repli de
terrain : si c'est cette manœuvre qui porte le nom de *formation en division par échelon*, il est douteux qu'elle soit d'un usage fréquent. Inutile
d'ajouter que la 7° compagnie ne fut pas déployée en tirailleurs,
L'ennemi se contenta de tirer quelques coups de fusils sur des tirailleurs
du Doubs, qu'on avait lancés en avant, et quelques obus sur les réserves
de ce même bataillon. L'artillerie française composée de trois pièces de
montagne ne riposta pas.

(20) Le 16 janvier et non le 17, nous allâmes à Belchamp. La moitié
de la 5° compagnie seulement traversa le Doubs sur la glace et rentra
quelques instants après. Du reste le bataillon des Hautes-Alpes n'avait
reçu aucun ordre pour prendre part à la bataille de Montbéliard.

C'est à la ferme de Belchamp que M. de Vitrolles fit rester six heures.

Le 18 janvier. — Le bataillon rentre à 8 h. soir à Pont-de-Roide. Le général Bourbaki commence à effectuer sa retraite par Blamont et Pont-de-Roide (21).

Le 19 janvier. — Trois compagnies sont détachées à une lieue de Pont-de-Roide, dans les fabriques, sur la rive gauche du Doubs (22) ;

Le 20 janvier. — Ces compagnies rentrent à Pont-de-Roide (23). Le commandant de Vitrolles est envoyé, avec 4 compagnies, à 6 h. du soir, sur le plateau de Blamont, où le colonel de Vézet, depuis deux jours tient tête aux colonnes ennemies chargées de couper la retraite de l'armée, du côté de Pont-de-Roide. — A minuit, retour à Pont-de-Roide.

Le 22 janvier. — Le bataillon se porte sur les bords du Doubs, à Sourans, Ranc, Saint-Maurice, Blussang et Blussangeau, où se trouve un gué important. A Gleynans, le général de Busscrolles avec 6,000 hommes. A Valentigny, la légion des mobilisés du Rhône, colonel Valentin ; sur la

---

sous une pluie battante, trois compagnies, l'arme au pied, sous les ordres de M. le capitaine Guillemot, en disant : « Puisque les soldats « aiment tant M. Guillemot, ils doivent être enchantés de se mouiller « en sa compagnie. » Il fit rentrer ces compagnies quand il apprit que slessoldat avaient improvisé une tente à leur brave capitaine.

(21) Le 17 janvier et non le 18, le bataillon rentra à Pont-de-Roide, excepté les 5ᵉ et 6ᵉ compagnies, restées à Bourguignon. Le général Bourbaki n'effectua pas sa retraite par Blamont ; aucun corps français ne passa par ce village. M. de Vitrolles fait preuve ici de trop d'imagination.

(22) Aucune compagnie ne fut détachée dans les fabriques de la rive droite du Doubs le 19 janvier. Les 5ᵉ et 6ᵉ compagnies étaient dans les fonderies de Bourguignon (rive gauche du Doubs) depuis le 17.

(23 Le 19 et non le 20, la 6ᵉ compagnie rentre seule à Pont-de-Roide ; la 5ᵉ reste à Bourguignon. L'ennemi attaqua Blamont le 19, au soir, seulement et s'en empara.

gauche, bataillon de la Haute-Garonne, du Jura et des Vosges ; le général Dariés à Clerval (24).

Le 23 janvier. — Les Prussiens rétablissent le pont de l'Isle-sur-le-Doubs. Ils occupent Blussang abandonné la veille et marchent sur Sourans. — Les 5ᵉ et 6ᵉ compagnies (capitaine Lesbros) sont envoyées, à midi, par le commandant de Vitrolles, pour les contenir ; surpris par le feu de nos tirailleurs, ils se replient sur Blussang. — Le sous-lieutenant Peysson (6ᵉ compagnie) ramène en avant quelques soldats qui reculaient avec le lieutenant Roman (25).

Colombier-le-Chatelot et Villars-sur-Ecot, sont occupés par les 1ʳᵉ et 3ᵉ compagnies (26).

Le 24 janvier. — Les généraux de Busserolle et Dariès ayant abandonné Gleynans et Clerval, la nuit, la légion des mobilisés du Rhône quittant Valentigny, le bataillon des Hautes-Alpes qui se trouvait isolé sur les bords du Doubs, devait, d'après les ordres écrits du général Rolland au commandant de Vitrolles, rentrer à Besançon ; mais, telle n'était pas l'intention du lieutenant-colonel Bousson, qui craignait de se voir enfermer et faire prisonnier dans une place bientôt assiégée et, qui préférait être interné en Suisse, s'il ne pouvait gagner Lyon (27). Par son ordre, le bataillon part à 6

---

(24) Le bataillon occupe Dampierre, Colombier, Blussans, etc., le 21 janvier ; le 22, il se concentre à Sourans. La légion des mobilisés du Rhône était à Lanthenans et non à Valentiniey, situé à 20 kilomètres de là.

(25) Le commandant de Vitrolles ignorant la présence de l'ennemi à Blussans, y envoie les 5ᵉ et 6ᵉ compagnies qui, après quelques coups de fusil échangés, se replient, sur un ordre écrit, sans avoir pu repousser l'ennemi. Inutile d'ajouter que l'anecdote relative à M. Roman est de pure invention. (Voir en ce qui le concerne *Pièces justificatives. C.*)

(26) Colombier-Châteleau et Villars-sous-Ecot étaient occupés par les 1ʳ et 3ᵉ compagnies depuis le 22 janvier.

(27) Le colonel Bousson ne pouvait prévoir l'issue fatale de la campagne de l'Est ; il ne songeait nullement à ce moment à passer en Suisse, mais voulait gagner le Jura pour continuer la lutte. L'affirmation de M. de Vitrolles ne saurait porter atteinte à l'honneur de ce brave officier.

heures du matin de Sourans, arrive, à 10 heures, à Pont-de-Roide, traversé par les derniers trainards de l'armée du général Bourbaki, et, en part à 6 heures du soir, pour se rendre à Saint-Hippolyte, alors remplie de troupes. 4 compagnies restent entre cette ville et Pont-de-Roide; les 3 autres compagnies sont détachées en avant.

Le 25 janvier. — Par suite des dépêches arrivées dans la nuit; M. le colonel de Vezet et M. le colonel Bourras commandant un corps francs (aujourd'hui général de la garde nationale de Lyon) alors à Saint-Hippolyte, retournent à Besançon (28). — M. le lieutenant-colonel Bousson, qui n'a reçu aucun ordre particulier, ne croit pas devoir suivre ce mouvement.

Le général Bourbaki, dont le quartier général était la veille à Pierrefontaine, (près Blamont), continue sa retraite sur Besançon, par la rive droite du Doubs, avec le gros de ses troupes. Le général Bressolles, avec deux divisions passe le Doubs à Clervay, et suit la frontière suisse, par Morteau et Pontarlier où est le 24ᵉ corps, jusqu'à Hopitaux-sur-Manthe.

Le 26 janvier. — Les Prussiens occupent Ornans, et ferment ainsi toute retraite sur Besançon au bataillon des Hautes-Alpes. — Toute la journée du 26, comme celle du 25, se passe en marches et contre-marches, ordonnées par le lieutenant-colonel Bousson. — Par suite du départ, pour Morteau et Besançon, de toutes les autres troupes, le bataillon devient l'extrême arrière-garde de l'armée, dans la région du Haut-Doubs.

Le 27 janvier. — Le lieutenant-colonel Bousson part pour Maiche à 6 heures s; — la 5ᵉ compagnie est placée en avant de cette ville. Les 4ᵉ et 7ᵉ sur les bords du Doubs. Les autres, avec le commandant de Vitrolles, à Moulevillers et à Montandon.

---

(28) Le colonel Bourras n'est pas du tout rentré à Besançon, il a continué à marcher sur Pontarlier, où il est parvenu à traverser les lignes ennemies.

Le 28 janvier. — La 1re compagnie quitte Montandon et va rejoindre le commandant à Moulevilliers, pour défendre les routes du Dessoubre et de Saint-Hippolyte (29)..

L'impossibilité de traîner leurs canons, dans une saison aussi rigoureuse, à travers ces montagnes où, à chaque pas, on peut trouver d'excellentes positions défensives, empêchent les Prussiens de tenter aucune attaque de vive force. Au reste, c'est pour eux inutile ; lorsque l'armée du général Bourbaki, soit en se retirant sur Lyon, soit en cherchant un refuge en Suisse, aura quitté le pays ; ils auront facilement raison de toutes les troupes isolées, coupées de Besançon, qui manœuvrent entre le Haut-Doubs et la frontière suisse.

Le 29 janvier. — Une division de landwherr prussienne marche de Saint-Hippolyte sur Morteau, pouvant, ce mouvement exécuté, cerner toute la contrée entre Saint-Hippolyte, Maiche et la frontière suisse. — Le lieutenant-colonel Bousson ordonne de se retirer vers le sud. — Il s'établit, avec 3 compagnies du bataillon et une compagnie de zouaves volontaires (capitaine de Lavallière), au Fournet. — Le commandant de Vitrolles, aux avant-postes, avec 4 compagnies à Chargemont (30). '

Le 30 janvier. — Le commandant de Vitrolles se rend à la Grand-Combe ; il laisse les 4e et 7e compagnies entre Chargemont et le Fournet, et détache la 6e compagnie en avant. — La 1re était placée par le lieutenant-colonel Bousson à Blancheroche et dans les environs. La nouvelle de l'armistice, affichée dans toutes les communes, fait suspendre tous les mouvements des troupes françaises. — Morteau est occupé par la légion du colonel Bourras ; les bataillons de mobiles

---

(29) Les notes sur lesquelles M. de Vitrolles a écrit son rapport sont très-incomplètes en ce qui concerne nos opérations entre Pont-de-Roide et Maiche. Ce rapport ne donne aucune idée des marches que nous avons accomplies et de nos divers cantonnements.

(30) Trois compagnies seulement les 2e, 4e et 6e, et non quatre, restèrent à Charquemont et non Chargemont.

des Vosges, (toujours sous les ordres du lieutenant-colonel Bousson ;) les mobilisés de la Haute-Saône et de l'artillerie (31).

Le 31 janvier. — Pendant que nos soldats, sur la foi de l'armistice, ne songent qu'à se reposer, les Prussiens marchent sur Morteau et Chargemont où les zouaves volontaires, joints aux francs-tireurs du capitaine Huot, ne peuvent tenir. — La 4ᵉ et la 7ᵉ compagnie se replient sur le Fournet, en prévenant le lieutenant-colonel Bousson que l'ennemi est à Chargement avec 400 cavaliers, un fort bataillon et de l'artillerie (32). — La 3ᵉ et la 5ᵉ compagnies sont envoyées en avant du Fournet, dans les bois. — La 1ʳᵉ compagnie reste à Blancheroche, moins 3 escouades rentrées au Fournet. — Un détachement surveille la route du Russey. — Le lieutenant-adjudant-major Ferrary est envoyé en parlementaire auprès du général prussien, pour lui communiquer les dépêches concernant l'armistice. Il lui est répondu que l'armistice est connu, mais qu'il ne concerne pas Belfort et l'armée de l'Est.

A peine l'adjudant-major Ferrary est-il de retour au Fournet (à 5 heures) que les Prussiens se montrent devant ce village. Les compagnies détachées aux avant-postes vers Blancheroche venaient d'être surprises, d'abord la 3ᵉ puis la 5ᵉ dont le capitaine Lesbros, saisi par les Prussiens, parvient à leur échapper ; enfin la 1ʳᵉ qui, cernée à Blancheroche, se retranche à l'abri d'un mur et, après une défense de

---

(31) Le colonel Bourras, que M. de Vitrolles envoyait, tout à l'heure, à Besançon, occupe maintenant Morteau. Rien de cela n'est exact : M. le colonel Bourras en ce moment traversait les lignes ennemies et entrait dans le Jura. L'artillerie attachée au corps du colonel Bousson avait été depuis deux jours envoyée en avant dans la direction de Pontarlier.

(32) L'ennemi qui, suivant M. de Vitrolles, ne pouvait, tout à l'heure, traîner de canons dans ces montagnes, en possède maintenant, toujours suivant M. de Vitrolles. Du reste ces erreurs sont bien naturelles, M. de Vitrolles ne parlant que par ouï-dire de la plupart des faits qu'il raconte.

dix minutes qui lui coûte un soldat blessé, met bas les armes (33).

Le lieutenant-colonel Bousson, prenant en passant à la Grand-Combe, le commandant de Vitrolles et ses compagnies (à 8 heures du soir), marche toute la nuit, à travers des collines couvertes de neiges, pour gagner Lac et Villers, à 4 h. du matin.

1er et 2 février. — Les journées des 1er et 2 février se passent tantôt au Lac et Villers, tantôt sur la portion du territoire français qui se trouve de l'autre côté du Doubs. Le bruit d'un armistice circule de nouveau.

Le bataillon des Hautes-Alpes était rudement éprouvé. Soixante hommes environ, étaient restés à Blancheroche, prisonniers. C'était la moitié de la 1re compagnie avec son capitaine et son lieutenant. — Le capitaine Lesbros avait ramené la 5e, moins 8 hommes restés avec la 1re (34) ; le lieutenant Pascal, 26 hommes de la 3e dont le capitaine avait réussi à s'échapper en Suisse, avec quelques soldats. — Les 2e, 4e, 6e et 7e compagnies étaient intactes (sauf les nombreux trainards laissés à chaque étape) (35). La 4e se trouvait sans officiers ; son capitaine M. Guillemot, à qui l'âge et la maladie ne pouvaient plus permettre de [supporter les fatigues de cette rude campagne, avait abandonné le bataillon le 31, au Pissou, près la Grand-Combe, sans en prévenir son commandant. — Quelques jours plus tard, ramassant quelques uns des trainards qui emcombraient les routes redevenues sûres,

---

(33) La 1re compagnie (capitaine Odiardi) ne fut pas cernée à Blancheroche où elle ne se trouvait pas, mais sur la route du Russey. M. de Vitrolles absent à ce combat a été mal renseigné.

(34) La 5e compagnie avait égaré ou perdu au moins un tiers de son effectif.

(35) Nos soldats, malgré leur fatigue, montrèrent la plus grande énergie dans ces longues marches, et, malgré l'affirmation de M. de Vitrolles, on ne laissa presque aucun trainard en arrière.

il rentrait lui onzième à Gap (36). — Deux cents hommes environ, venus de Besançon, des étapes et des ambulances, rentrèrent également, soit isolés, soit en détachement, au dépôt dans le courant de février.

Dans la nuit du 2, le bataillon, après un dernier engagement contre une colonne venue de Morteau (37), repassa le Doubs, en laissant quelques prisonniers de la 7e compagnie, qui endormis dans des granges, s'étaient présentés trop tard pour traverser le pont.

Le lieutenant-colonel Bousson, qui venait d'apprendre le désastre de l'armée de l'Est, croyant que les mobiles, exténués de fatigues, étaient découragés, ne voulut pas tenter de s'échapper par une route encore libre, à travers les montagnes, et se présenta aux avant-postes suisses. — Le bataillon, désarmé ainsi que ses officiers (ce qui était contraire à la convention signée par le général Clinchant) fut conduit par les Brenets et le Locle, à Chaudefonds; puis, le lendemain, à Neufchatel. Les soldats (550) furent dirigés sur Neuville, 118 arrivés les jours suivants; à Thunn ; les officiers internés à Lucerne les officiers supérieurs à Zurich. — Sur vingt-huit soldats, échappés près de Strasbourg (38), dans un convoi de prisonniers, quinze furent arrêtés à Bâle, sept à Genève.

Le bataillon, repatrié dans le courant du mois de mars, revint à Gap où les hommes furent immédiatement renvoyés dans leurs foyers (39).

---

(36) M. le capitaine Guillemot, dont le courage et le dévouement ne saurait être suspects à personne, si ce n'est à M. de Vitrolles, se douta que le bataillon allait être forcé de passer en Suisse et voulût tout tenter avant d'en être réduit à cette douloureuse extrémité. Le récit de M. de Vitrolles n'est pas sérieux.

(37) Cet engagement consista en quelques coups de fusils tirés par vingt hommes, placés sous les ordres de M. Roman.

(38) Ces prisonniers s'étaient échappés dans les environs de Delle et non dans ceux de Strasbourg.

(39) M. le commandant de Vitrolles partit de Suisse pour rentrer en France au moins une semaine avant le bataillon qui arriva à Gap le 26 mars.

B

M. de Vitrolles a inséré dans son rapport (page 44) un passage injurieux à mon égard. J'avais d'abord l'intention de ne point m'en préoccuper autrement et de n'y pas répondre, mais la bienveillance de mes camarades dont plusieurs m'ont envoyé spontanément les certificats les plus concluants, m'impose le devoir de me justifier :

1° Je n'ai pas abandonné mon capitaine, c'est lui qui m'a envoyé à Cussey.

« Je soussigné atteste que j'étais présent lorsque M. de
« Vitrolles, capitaine de la 5e compagnie, a donné à M. Roman,
« lieutenant de la même compagnie, l'ordre d'aller à Cussey,
« où l'ennemi commençait à attaquer le 3e bataillon des mo-
« biles des Vosges. La 5e compagnie des mobiles des Hautes-
« Alpes se trouvait en ce moment à Geneuille et un instant
« après elle s'est replié sur Auxon.
« Veynes, le 9 octobre 1871. — Signé : Colomb, officier
« payeur, ancien sergent-major à la 5e compagnie. »

2° M. de Vitrolles a au contraire refusé d'obéir aux ordres réitérés de MM. Bauny et Méalhie lui enjoignant de marcher sur Cussey :

« Je soussigné Méalhie (Antoine), capitaine, commandant
« la 6e compagnie du bataillon de la garde mobile des Hautes-
« Alpes, déclare et atteste que le 22 octobre 1870, j'ai été
« chargé par le commandant du bataillon de commander les
« 4e, 5e, 6e et 7e compagnies ; en cette qualité, M. Bauny et
« moi, avons envoyé l'adjudant Pascal prévenir M. de Vitrol-
« les, de la 5e compagnie, qui était détachée de nous à en-
« viron un kilomètre, d'avoir à nous rejoindre ; ne voyant

« pas revenir M. de Vitrolles, je lui ai envoyé de nouveau
« M. le sous-lieutenant Louis Aubert, porteur d'un ordre
« semblable ; par deux fois M. de Vitrolles ne s'est pas con-
« formé à mes ordres, en alléguant que ses hommes avaient
« besoin de manger et qu'ils étaient fatigués. Après l'avoir
« attendu pendant plus d'une demi-heure, le bataillon s'est
« porté sur Cussey, par la route de Geneuille. Je déclare en
« outre que M. de Vitrolles s'est trouvé, pendant l'action de
« Cussey, à Auxon, à quatre kilomètres au moins du terrain
« du combat. Lorsque de retour en France, après ma capti-
« vité, j'ai rencontré M. de Vitrolles à Chambéry, cet officier
« m'a affirmé que mes ordres ne lui étaient pas parvenus.
« Je certifie en outre que M. Brachet, chef de bataillon, com-
« mandant le 3e bataillon des Vosges, m'a affirmé avoir vu à
« Cussey M. le lieutenant Roman, qui était venu se mettre à
« sa disposition et prendre ses ordres.

« Serres, le 15 octobre 1871. — Signé : MÉALHIE. »

« Je soussigné atteste que j'ai reçu le 22 octobre 1870 de
« M. Bauny, commandant du bataillon des Hautes-Alpes,
« l'ordre d'avertir M. de Vitrolles, capitaine de la 5e compa-
« gnie, d'avoir à rallier le bataillon. M. de Vitrolles m'a ré-
« pondu qu'il attendait M. Roman, son lieutenant, auquel il
« avait donné l'ordre d'aller à Cussey en reconnaissance ;
« lorsque M. de Vitrolles, est arrivé avec sa compagnie au
« point de ralliement, le bataillon était déjà en route pour
« Cussey. J'ai fait part de ces renseignements à M. le capi-
« taine de Vitrolles qui m'a répondu que ses soldats étant
« fatigués et n'ayant pas encore mangé, il me priait d'avertir
« le commandant qu'il rejoindrait le bataillon lorsqu'il aurait
« fait manger ses hommes. Sur cette réponse, je me suis
« retiré et ai été rejoindre le bataillon que j'ai trouvé à Cus-
« sey engagé avec l'ennemi.

« Veynes, le 9 octobre 1871. — Signé : PASCAL, lieutenant,
« ancien adjudant. »

« J'atteste que le 22 octobre 1870, j'ai été chargé par le
« capitaine Méalhic, commandant les quatre compagnies
« de gauche du bataillon des mobiles des Hautes-Alpes, d'a-
« vertir M. de Vitrolles, capitaine de la 5e compagnie, d'avoir
« à rejoindre le bataillon à Auxon et que M. de Vitrolles m'a
« répondu qu'il devait attendre son lieutenant M. Roman,
« envoyé par lui à Cussey. Après avoir attendu un instant,
« M. Roman ne revenant pas, la 5e compagnie s'est dirigée
« vers Auxon où elle n'a plus trouvé le bataillon et où elle
« est restée, tandis qu'avait lieu l'engagement de Cussey.

« Gap, le 17 octobre 1871. — Signé : L. Aubert, sous-lieu-
« tenant de la 5e compagnie. »

3° A mon retour de Cussey, apprenant que le bataillon
marchait à l'ennemi, je suis immédiatement retourné sur
mes pas pour le rejoindre. Et tandis que M. de Vitrolles déjeunait paisiblement, je recevais des coups de fusil sur la
route du Cussey.

« Je soussigné Daniel-Hippolyte Provansal, docteur en
« médecine, médecin aide-major du bataillon de la garde na-
« tionale mobile des Hautes-Alpes, atteste qu'au moment où
« le bataillon battait en retraite de Cussey à Auxon-Dessus,
« comme j'allais mettre en sûreté quelques blessés, derrière
« un repli de terrain (la partie découverte où je me trouvais
« étant balayée par les obus), j'ai rencontré à peu de distance
« de Cussey, M. Roman, lieutenant, à qui j'appris sommaire-
« ment ce qui venait de se passer. Nous fîmes environ une
« trentaine de pas en compagnie d'un peloton de chasseurs à
« cheval, dont le capitaine, commandant aussitôt la retraite
« à ces hommes, nous pressa vivement de nous jeter dans
« les bois si nous ne voulions point être écrasés par un corps
« de dragons badois qui chargeaient sur nous. Le peloton
« s'éloigna rapidement sur Auxon-Dessus. Pendant que nous
« marchions, M. Roman et moi, sur la lisière du bois, nous

« eûmes encore le désagrément d'essuyer la décharge des
« cavaliers badois qui firent immédiatement feu sur nous,
« heureusement sans nous atteindre. Le soir, à dix heures,
« seulement, nous nous rencontrâmes aux portes de Besan-
« çon avec M. Roman et M. Ferrary, lieutenant ; c'est nous
« qui fîmes caserner les mobiles que nous avions ralliés, et
« entrer aux ambulances les malades et les blessés qui
« avaient pu suivre.

« Laragne, le 18 octobre 1871. — Signé : D. PROVANSAL,
d.m.p.

4° L'anecdote de la patrouille badoise sur laquelle j'ai défendu de tirer, fait peu d'honneur à l'imagination de M. de
Vitrolles ; il aurait pu trouver mieux.

« Je soussigné atteste que lors de la retraite du bataillon
« des Hautes-Alpes de Cussey sur Auxon, le 22 octobre,
« M. Roman, lieutenant de la 5e compagnie, revenant de
« Cussey, a pris le commandement d'une reconnaissance de
« vingt hommes environ que je commandais avant son arri-
« vée. Nous nous sommes dirigés sur les bois qui s'étendent
« entre Auxon et Cussey. A peine arrivés à ces bois, une re-
« connaissance de dragons badois s'est avancée sur la route
« d'Auxon à Cussey, à quatre cents mètres de nous environ.
« M. Roman nous a affirmé que c'étaient des ennemis et
« nous a commandé de faire feu, mais comme plusieurs
« d'entre nous croyaient que ces cavaliers étaient des gen-
« darmes français, il y a eu parmi nous un moment d'hési-
« tation, et les ennemis nous ayant aperçus se sont repliés
« au galop sur Cussey, sans nous laisser le temps de
« faire feu.

« Veynes, le 9 octobre 1871. — Signé : REYNAUD, sous-
« lieutenant, ancien sergent à la 5e compagnie. »

5° Je ne suis pas rentré à Besançon, abandonnant le bataillon, comme a l'air de le prétendre M. de Vitrolles.

« Je soussigné, lieutenant adjudant-major du bataillon de
« la garde mobile des Hautes-Alpes, atteste que le 22 octo-
« bre 1870, j'ai ramené, moi seul, des environs du champ
« de bataille de Cussey, un détachement fort d'environ qua-
« tre cent cinquante hommes, que rencontrant à Auxon-
« Dessus M. Roman, lieutenant de la 5e compagnie dudit
« bataillon, avec environ cinquante hommes du bataillon,
« je lui ai remis le commandement du détachement, et de
« concert avec lui avons réuni les égarés et les dispersés
« du bataillon, ce qui a constitué pour nous un détachement
« de six cents hommes environ. Sur un ordre qui nous a été
« donné par un officier d'état-major du général Cambriels,
« nous nous sommes déployés en tirailleurs pour soutenir
« les zouaves. Quelque temps après, sur un nouvel ordre qui
« nous a été donné, nous avons accompagné deux batteries
« d'artillerie qui, la nuit étant venue ont campé. Vers neuf
« heures, M. le colonel de Bigot, chef d'état-major de la 7e
« division militaire, nous a donné l'ordre formel de rentrer
« à Besançon, ce que nous avons fait vers dix heures. Ce dé-
« tachement a été commandé par moi jusqu'à la fin, ainsi
« que par M. Roman, que j'ai rencontré à Auxon, très-fatigué
« de la journée et qui, quoique plus ancien que moi, m'a prié
« de conserver le commandement. Je dois dans l'intérêt de
« la vérité affirmer sur l'honneur que je n'ai reçu aucun
« ordre de M. de Vitrolles, que, du reste, je n'ai pas aperçu
« de la journée.

« Embrun, le 19 octobre 1871. — Signé : E. FERRARY, lieute-
« nant de la 4e compagnie, f. f. d'adjudant-major. »

C

Dans le récit de l'affaire de Blussans, M. de Vitrolles arti-
cule de nouveau à mon adresse une accusation de lâcheté en
ces termes : « Le sous-lieutenant Peysson (6ᵉ compagnie)
« ramène en avant quelques soldats qui reculaient *avec le*
« *lieutenant Roman.* » Un seul fait fera juger de la valeur de
cette articulation : M. de Vitrolles a effacé soigneusement
les quatre derniers mots sur certains exemplaires, ceux probablement qu'il pensait devoir être vus par moi, il les a conservé sur d'autres. Cela seul n'implique-t-il pas l'aveu tacite
d'une erreur, pour ne pas dire autre chose ? Quoiqu'il en soit,
voici ma réponse :

« Je soussigné déclare qu'à l'affaire dite de Blussans, le
« capitaine de la 5ᵉ compagnie du bataillon des Hautes-Alpes,
« M. Lesbros, m'a ordonné de pousser une reconnaissance
« dans le bois qui est sur la rive gauche de la route qui
« mène au village de Blussans avec la première section de
« ma compagnie. Je partis laissant mon lieutenant, M. Ro-
« man, avec la deuxième section, sous les ordres de M. le
« capitaine Lesbros. Quand je revins, à la tombée de la nuit
« (après avoir empêché l'ennemi de nous tourner comme il
« en avait l'intention), à mon point de départ, comme m'en
« avait donné l'ordre le capitaine Lesbros, je déployai mes
« hommes en tirailleurs derrière les bois dans lesquels la
« 5ᵉ compagnie et le reste de la 6ᵉ compagnie se trouvaient
« aux prises avec l'ennemi. Ce n'est donc qu'à la nuit close
« que je fut rejoint par le lieutenant Roman et sa section,
« suivi lui-même par le capitaine Lesbros et sa compagnie…
« Je déclare que, quand je fut rejoint par le lieutenant Ro-
« man, ce dernier était avec sa section et ne fuyait nulle-
« ment, et je suis convaincu que M. le commandant de
« Vitrolles a été induit en erreur par quelque faux rensei-
« gnement, car si M. le commandant s'était trouvé sur les

« lieux lors de l'affaire de Blussans, il ne reprocherait pas à
« M. le lieutenant Roman une conduite qu'il n'a nullement
« tenue. Le sous-lieutenant soussigné atteste sur l'honneur
« la vérité de ses allégations.

« Signé : PEYSSON, sous-lieutenant à la 6e compagnie du ba-
« taillon des Hautes-Alpes. — Serres, le 14 octobre 1871. »

D

COMPOSITION DES CADRES

Au moment de l'entrée du bataillon en Suisse :

Chef de bataillon : De Vitrolles, ancien brigadier de hussards
 (7 ans de service).
Aide-major : docteur Provansal.
Adjudant-major : Ed. Ferrary, lieutenant.
1re COMPAGNIE. — *Capitaine :* Odiardi.
  —   *Lieutenant :* Gautier.
  —   *Sous-Lieutenant :* Reynaud.
2e COMPAGNIE. — *Capitaine :* Roux.
  —   *Lieutenant :* Chancel.
  —   *Sous-Lieutenant :* Salomon.
3e COMPAGNIE. — *Capitaine :* Garnier.
  —   *Lieutenant :* Pascal.
  —   *Sous-Lieutenant :* ......
4e COMPAGNIE. — *Capitaine :* Guillemot.
  —   *Lieutenant :* Ferrary.
  —   *Sous-Lieutenant :* Augier.
5e COMPAGNIE. — *Capitaine :* Lesbros.
  —   *Lieutenant :* Aubin.
  —   *Sous-Lieutenant :* Vigne.
6e COMPAGNIE. — *Capitaine :* ......
  —   *Lieutenant :* Roman.
  —   *Sous-Lieutenant :* Peysson.
7e COMPAGNIE. — *Capitaine :* ......
  —   *Lieutenant :* Trochon.
  —   *Sous-Lieutenant :* Béraud.

E

LISTE

Des morts et blessés du bataillon des Hautes-Alpes.

Nota. — Cette liste est très-incomplète surtout en ce qui concerne les morts. Ainsi elle ne mentionne que trois hommes morts à Neuveville (Suisse) tandis qu'en réalité il y en a eu treize! Nous nous sommes abstenu de placer à la suite des morts, les disparus, quoique désormais il ne reste qu'un bien faible espoir de les voir revenir.

MORTS.

Basset (Ferdinand). — Roggenburg (Allemagne).
Bernard (François). — Saint-Gall (Suisse).
Blanc (Jean). — Gap.
Bonnafoux (Marcellin). — Gap.
Bourdillon (Antoine). — Roggenburg.

Chaix (Jean-Fidèle). — Gap.
Courenq (Jean-Etienne). — Vesoul (Haute-Saône).
Cousin (Louis). — Lendshutt (Allemagne).

Donnadieu. — Gap.

Eme (Pierre). — Besançon (Doubs).
Evesque (Gabriel). — Besançon.
Eyraud (François). — Besançon.

Fuma (François). — Neuveville (Suisse).

Guieu (Jean-Joseph). — Gap.

Hugues (Victor). — Gap.

Jacquier (Jacques-Alfred). — Gap.
Jouve (Pierre). — Roggenburg.

Latil (Alexis). — Neuveville.
Liouffre (Stanislas). — Berne (Suisse).

Martin (Louis). — Roggenburg.

Payan (Emile). — Apt (Vaucluse).
Pons (Louis). — Cussey (Doubs).

Reynier (Jean-Jacques). — Neuveville.
Rouy (François). — Neuveville.

Sarrazin (Casimir). — Châtillon (Doubs).

Taix (Jacques). — Besançon.
Trûphemus. — Aasburg (Suisse).

Vallon (Pierre). — Gap.
Vasserot (Jean-Philippe). — Besançon.

BLESSÉS.

Jauffret, capitaine. — Balle au travers du corps.
Méalhic, capitaine. — Contusion à l'épaule.

Aubert (Clément), lieutenant. — Blessure à la main.
Gautier, lieutenant. — Contusion au côté.

Ferrary, fourrier. — Coup de baïonette à la cuisse.

Bernard, sergent. — Balle à la cuisse.
Guibaud, caporal. — Éclat d'obus à l'aine.
Gondre, caporal. — Coup de lance à la tête.

Audier, garde, — Contusion au coude.

Blache, garde. — Éclat d'obus à la cuisse.
Bleinc, garde, — Éclat d'obus à la jambe.
Bompart, garde. — Éclat d'obus à la jambe (amputé).
Bompart, garde. — Contusion à la jambe.

Champsaur, garde. — Éclat d'obus à la jambe.
Chancel, garde. — Éclat d'obus à la jambe (amputé).
Colombe, garde. — Éclat d'obus à la jambe.
Colombet, garde. — Blessure à la main.

Durand, garde. — Trois doigts brisés (amputé).

Fache, garde. — Balle dans la joue.
Faure, garde. — Balle à la cuisse.
Féraud, garde. — Éclat d'obus à la jambe (amputé).
Franchon, garde. — Balle à la cuisse.

Grollier, garde. — Éclat d'obus au bras (amputé).
Guyon, garde. — Éclat d'obus à la cuisse.

Jouglard, garde. — Balle dans la cuisse.

Muret, garde. — Éclats d'obus à la jambe et au pied.

Pascal, garde. — Éclat d'obus au pied.

Roux, garde. — Éclat d'obus à la hanche.

Vial, garde. — Balle dans la cuisse.

BIBLIOTHEQUE NATIONALE DE FRANCE

www.ingramcontent.com/pod-product-compliance
Lightning Source LLC
Chambersburg PA
CBHW071344030726
47594CB00002B/750